纪念卡尔·马克思诞辰 200 周年！

马克思靠谱

Reliable Marx

不枯燥 不戏说

内蒙轩 / 主编

人民东方出版传媒

东方出版社

编委会

学术顾问

李慎明

> 中央马克思主义理论研究和建设工程咨询委员会委员、首席专家
> 全国人大司法与内务委员会副主任委员
> 教授、博士生导师

李　捷

> 中央马克思主义理论研究和建设工程咨询委员会委员、首席专家
> 《求是》杂志社社长
> 教授、博士生导师

李崇富

> 中央马克思主义理论研究和建设工程课题组首席专家
> 中国社会科学院学部委员
> 教授、博士生导师

程恩富

> 中央马克思主义理论研究和建设工程课题组首席专家
> 中国社会科学院学部委员
> 教授、博士生导师

赵家祥

中央马克思主义理论研究和建设工程课题组首席专家

北京大学哲学系

教授、博士生导师

侯惠勤

中央马克思主义理论研究和建设工程课题组首席专家

中国历史唯物主义学会会长

教授、博士生导师

梁树发

中央马克思主义理论研究和建设工程课题组首席专家

中国人民大学马克思主义学院

教授、博士生导师

邓纯东

中国社会科学院马克思主义研究院党委书记、院长

研究员、博士生导师

辛向阳

中国社会科学院马克思主义研究院马克思主义发展研究部主任

教授、博士生导师

刘书林

清华大学马克思主义学院

教授、博士生导师

阅读指南

一、马克思是谁？

他的偶像是普罗米修斯，他十七岁时曾写下"为人类幸福而工作"的万丈豪情，有人质疑这不过是高调，他却用尽一生将"高调"诠释成"高尚"。

他二十多岁时本可轻松地成为犹太拉比或普鲁士知名律师，一生优越舒坦，但他却毅然决然地与家族既定路线决裂，选择了一条"全世界无产者联合起来"的荆棘之路。

他的姨父是大名鼎鼎的飞利浦公司的创始人，他的妻兄是普鲁士政府的大臣，他却丝毫没有借东风之力升官发财，倒是经常喝西北风：一辈子四处流亡，经济上拆东墙补西墙、捉襟见肘。

他精神生活丰盛高贵，物质生活却愁云惨淡。他一辈子研究 money（钱），却最缺 money（钱）。孩子生七个夭折四个，病时没钱看医生，死后没钱买棺材，丧子之痛令他痛不欲生。

他不为了钱，不为了权，为了信仰一往无前。

他难受过吗？怀疑过吗？他难受过，但他从未怀疑过。他也是个凡人，他曾跟朋友抱怨："**我相信，您不会认为我是一个渴望得到别人赞扬的人。但是世人把某些人看得一无是处的那种冷漠态度，即使不使人悲痛欲绝，至少也让人心灰意懒。**"但他却超越凡人，是个伟人，些许嗟叹之后，他立刻重整旗鼓，义无反顾："**面对我们的骨灰，高尚的人们将洒下热泪。**"

他是谁？他就是全世界赫赫有名的"千年思想家"，更是为世界指明方向的革命导师——卡尔·马克思。

二、马克思还活着？

提起马克思的理论，有人欢欣雀跃，有人咬牙切齿。

有人说他的理论是真理，有人说是邪说。

有人说他的理论指引着群众，改造旧世界，有着雷霆万钧的力量，有人却指责他的理论你斗我斗、蛊惑人心。

2018 年是马克思诞辰 200 周年,两个世纪快过去了,一些人你方唱罢我登场,使出浑身解数试图证明马克思主义已过时,却令马克思主义越来越被证明是正确的。真正过时的,早已被历史湮没,又为何如此值得那些人搜肠刮肚,殚精竭虑地去证明?不过是"思想一离开利益就出丑",马克思的理论总是"被过时",恰恰证明有人谈"马"色变,试图掩人耳目;马克思的理论总是遭诽谤,恰恰证明他的理论触动了一些人的核心利益,令其寝食不安。

是的,两个世纪快过去了,但马克思主义依然有着强大的生命力,依然对现实有着解释与指导力量,历史与现实一再证明:马克思靠谱!有人曾说马克思的"经济危机"理论过时了,立即遭到 2007 年美国"次贷危机"的打脸,"次贷危机"直接证明了,资本主义制度下经济危机永不终结,次贷危机不过是经济危机的变形,换汤不换药,究其本质依旧是生产商品的相对过剩;有人曾质疑马克思关于工人阶级的论述过时了,说西方的工人阶级现如今都是洋房洋车,哪一位工人赤贫了?君不见 2011 年"占领华尔街运动"上的标语直接写着"99%",意思是"99% 的老百姓与 1% 的富豪之间贫富分化加剧"。此外,资本全球化,资本在全世界生根发芽,开膛破肚,寻求着利润最大化,劳动密集型产业转移到东南亚等发展中国家,这里的工人如马克思描述的那样,生产出了高楼大厦却住不起高楼大厦,生产出了文明却被人嫌弃粗鄙，工人阶级的现状并未得到根本性改变；有人搬出二十多年前，美籍日本人福山在《历史的终结与最后的人》里预言西方的民主将成为人类政府的最终形式，却不曾料到二十多年后，面对西方民主陷入泥沼的困境，面对中国这边风景独好的现状，福山也开始不断反思修正自己的观点……

三、我们眼中那个彩色的马克思

尽管我们中的很多人从小就在政治课本里学习了马克思和马克思主义，然而，马克思对很多人而言依旧是面目模糊的，很多人眼中的马克思主义还仅仅停留在几个判断、概念、范畴里。于是，我们决定用《马克思靠谱》一书给大家描述一位真实的、彩色的、依然"活着"的马克思。《马克思靠谱》一书采用历史与逻辑一致的写作手法，以马克思的生平为时间轴线，用九章篇幅，详细地介绍了马克思的一生及其重要著作和思想发展脉络。

在这本书里，你会发现马克思年轻时和我们一样，也曾年轻气盛，喝酒决斗，给漂亮"妹纸"（燕妮）写情诗，曾经叛逆的少年最后读书思考苦练内功，最终成为思想史上一位德高望重的大侠（第一章）；在这本书里，你会跟随我们一起目睹马克思获得哲学"武林秘籍"后，却青出于蓝而胜于蓝，最终超越"师父"黑格尔（第二章）；一起见证超越人类历史上关于友情的一切传说的——马克思与恩格斯的挚友情，一辈子（第三章）；一起发现马克思新世界观的天才萌芽，探索马克思一生熠熠生辉的两大发现之一——唯物史观的诞生（第四章）；在这本书里，我们将为你揭秘史上最神秘莫测的"意识形态"的秘密所在（第五章）；一起目睹马克思一生中几次华丽的转身，最终成为全世界无产阶级革命导师（第六章）；阅读本书，你要准备好纸巾、控制好泪腺，在这里，马克思流亡生涯的无尽苦难、马克思的赤子情怀与豁达胸襟令你热泪盈眶（第七章）；良药苦口利于病，药不能停，咱们还要温习人类社会的资深"大夫"马克思为资本主义这位病号开具的"诊断书"和"病危通知书"（第八章）；最后，晚年的马克思笔耕不辍，生命不息、战斗不止（第九章）。当然，在这本书里，针对诋毁马克思的种种谣言，如"马克思大学里加入了撒旦教""马克思有私生子"等，我们用翔实的史料，严谨的考证，澄清事实，以正视听。

四、马上学习：在研读马克思经典著作的基础上学习习近平新时代中国特色社会主义思想

马克思曾说："**批判的武器不能代替武器的批判，物质力量只能用物质力量来摧毁；但是理论一经掌握群众，也会变成物质力量。**"其中，"批判的武器"就是笔杆子，就是正确的理论。习近平新时代中国特色社会主义思想是马克思主义中国化的最新成果，是中国特色社会主义理论体系的重要组成部分，是我们党必须长期坚持的指导思想。必须推进马克思主义中国化时代化大众化，建设具有强大凝聚力和引领力的社会主义意识形态，使全体人民在理想信念、价值理念、道德观念上紧紧团结在一起。

《马克思靠谱》一书别具匠心，专门设置"马上学习"环节，寓意在研读马克思经典著作的基础上深入学习习近平新时代中国特色社会主义思想，将思想与实践相结合，将理论与实际相统一，我们一边品味一百多年前马克思经典著作的科学性、规律性、革命性，一边深刻领会当前鲜活的马克思主义非凡的理论勇气、高超的政治智慧、坚韧不拔的历史

担当精神，亲身感受正发生在我们身边的中国特色社会主义道路、理论体系、制度创造的"中国奇迹"。从昨天到今天，从历史到现实，马克思主义依然焕发着经久不衰的活力与生命力，马克思，靠谱！

思想与生活在这里交融，严肃与诗意在这里喷薄，不再云山雾罩、不再高冷莫测，《马克思靠谱》努力尝试用立体的写作手法，抽丝剥茧给大家展示一位有血有肉的、鲜活生动的马克思。他的理论对现实依旧充满力量，依旧是有力的思想武器。他与今天的"九零后"朋友们深情相遇，马克思从未远离。

《创世纪》说：上帝说要有光，于是人间就有了光；

启蒙学者说：人类要用理性的光烛澄照愚痴混沌的天性，呈现出文明理智的教养和境界；

希腊神话说：普罗米修斯不畏宙斯的暴戾，盗天火照亮尘世；

马克思说：我就是普罗米修斯！

衷心希望这里的阅读令您有所裨益。

目 录
CONTENTS

第一章

飞扬吧！青春

马克思的青春，和我们一样：上学了，恋爱了，要找工作了；他叛逆过，迷惘过，苦恼过。但马克思的青春，也和我们不一样：他热爱思考，坚持梦想，敢于批判，勇于实践，思考让他的叛逆闪闪发光。马克思如果是一匹野马，燕妮就是他的草原。他们的姐弟恋克服了世俗的重重偏见，他们的不离不弃诠释了"最好的爱情不是物质上的门当户对，而是精神上的势均力敌"。他十七岁就起了个高调，立志"为人类幸福而工作"，然后把这个高调唱了一辈子，最终把"高调"唱成了"高尚"。让我们从现在开始，重回1818年，与靠谱的马克思相遇。

一、求学：思考让叛逆闪闪发光

1. 从叛逆青年到超级学霸

1818 年 5 月 5 日，马克思出生于德国特里尔的一个犹太律师家庭，小正太马克思才华横溢，在家里备受宠爱。中学时的马克思成绩优秀，有明确的人生目标。十七岁时就把"为人类幸福而工作"作为自己的人生梦想。然而中学毕业进入波恩大学的马克思，却从"三好学生"变成了一个"问题小子"。

1835 年，马克思遵照父亲亨利希的安排，进入德国波恩大学法律系读书，希望毕业之后成为一名律师。但是，马克思在波恩大学并没有好好学习，而是花钱大手大脚，经常花天酒地，从他和父亲的通信来看，马克思在波恩大学一年花掉了 700 塔勒。700 塔勒是什么概念呢？当时的富家公子一年也不过花掉 500 塔勒。马克思后来找到一份不错的工作，主编《德法年鉴》，那时候他一年的薪水也才 500 塔勒。有了一年 500 塔勒的收入，燕妮的父母可以放心地让自己的女儿和马克思结婚了。如果按照购买力平价来算，相当于现在的 14 万人民币。由此可见，马克思一年就花掉 700 塔勒，确实可以算得上非常挥霍了。当时马克思没有工作，这些钱当然需要掏父亲的腰包。马克思就把那些账单寄给自己的父亲，父亲当然很生气，就在信里数落自己的儿子，说这些账单是"未结算的卡尔式账单"。有趣的是，2012 年的时候，著名的英国广播公司

青年马克思

（BBC）制作了一套纪录片，名叫《货币大师》，介绍了对 20 世纪影响最大的三位货币理论家，马克思就是其中一位。但马克思这位货币理论大师一辈子都在和自己支付不起的账单打交道，也从来没有算清过这些账单。这一点在马克思上大学的时候就表现得很明显了。

更让老马头疼的是，小马在大学期间还加入了一个叫"特里尔同乡会"的组织，最后他还成了这个组织的头儿。这个同乡会就像是咱们在大学里的老乡会一样，总组织一些聚会活动，但是他们聚会的地点，却是波恩各地的酒馆。酒后他们偶尔还要和其他学生打架决斗，马克思甚至还曾被学校

关过 24 小时的监禁。

这样看起来，这个时期的马克思貌似一个十足的"问题小子"，甚至像个"不学无术"的青年，但实际上，马克思受过良好的家庭教育。他的父亲亨利希本人就深受启蒙思想的影响，熟读伏尔泰、莱布尼茨和牛顿等启蒙思想家的著作。亨利希的思想立场，为他的儿子马克思营造了一个现代人文主义的思想环境。亨利希热爱古希腊艺术，喜欢莎士比亚，喜欢歌德、席勒等浪漫主义艺术家，语言天赋很好，拉丁文、希腊文、法文都学得不错，正经是个有文化底蕴和国际视野的文艺小青年。正因为如此，马克思一生都对自己的父亲景仰备至。据马克思的女儿爱琳娜回忆，马克思在晚年的时候，经常念及他的父亲，随身携带一张父亲的照片，甚至马克思逝世的时候，他的胸口还放着这张照片，后来恩格斯把亨利希的照片放进了马克思的棺材中。

话再说回来，老马看着自己的儿子在波恩大学不安分，知道这不是办法，就安排马克思转学去了柏林大学。老马曾经公开表示过："我不仅批准我的儿子卡尔·马克思这样做，而且我希望他能在柏林大学继续他在波恩大学的法律和公共管理课程。"搬到柏林是马克思生活中的一项重大变动。柏林和波恩相比完全是两个世界。

转学之后，小马的精神面貌的确得到了改变，从热血的哲学愤青变成了靠谱的学术宅男。这也让世界上少了一个诗人，多了一个大神级别的大牛思想家。在这个阶段马克思大量读书，并且自学英语和意大利语，翻译了提出著名"塔西佗陷阱"的古罗马历史学家塔西佗的《日耳曼尼亚志》和奥维狄乌斯的《哀歌》等名著，甚至还想建立一个法哲学体系。为此他写了300多页的书稿，翻译了大量

19 世纪的柏林大学

的著作。此刻的马克思，小宇宙完全爆发，这个"问题小子"来了一次华丽丽的转身。马克思青年时代这个转身是怎么实现的呢？

马克思之所以能从"问题小子"转变成大学霸，这里有内外两个方面的原因。

从外因来说，柏林大学严谨的学风让马克思一改从前的浮夸，开始专心于学术研究。柏林大学又名洪堡大学，自从1810年建校开始就一直是德国的最高学府，可谓是大师辈出，群星璀璨。黑格尔甚至曾经说过，没有洪堡大学，就没有光辉灿烂的德意志文明。和马克思同时代的哲学家费尔巴哈，也曾经在柏林大学读书。他说，柏林大学学风太好了，这里的学生没有不认真读书的，也从不考虑什么喝酒打架的事情，和柏林大学比起来，德国其他大学简直就是酒馆。显

然这次转学对马克思影响较大。马克思自从解锁了柏林大学这个新地点，就像玩游戏开了外挂一样，开始拼命地读书。

从内因来说，马克思本身就是一个非常重视精神追求的人。他从小博览群书，而且志存高远，十七岁的时候语出惊人，说自己要"为人类幸福而工作"，这是何等抱负和胸怀！马克思刚上大学的时候，是康德和费希特的铁杆粉丝，甚至曾经想自创一个抽象的哲学体系。后来马克思觉得这两个偶像太务虚了，他们总是像在做数学题目，用一个原理来证明另外一个原理，那么抽象的原理和具体的事实之间到底是什么关系呢？他们不考虑这个问题，以至于马克思写了首诗来讽刺他们，诗的第一句就是**"康德和费希特在太空飞翔"**。"在太空飞翔"，说得挺美，但不就是讽刺他们不切实际、不接地气嘛！不过，讽刺归讽刺，马克思自己也想不出解决的办法，一时郁闷得竟然病倒了。在养病期间，马克思又读了一遍黑格尔的著作，发现黑格尔的辩证法恰恰可以解释抽象的原理是怎样一步步转化为具体的现实的，这就克服了康德哲学中抽象和具体的对立，马克思一下子脑洞大开，病都好了一半。这种思想上的升华带给马克思强烈的精神快感，他在给父亲的一封信中描述了自己那种癫狂的状态——脑袋上是乱蓬蓬的头发，穿着邋遢的外衣，**"就像狂人一样在'冲洗灵魂，冲淡茶水'的肮脏的施普雷河水旁的花园里乱跑，我甚至和我的房东一块儿去打猎，然后又跑到柏林去，想拥抱**

每一个遇见的人"。一般大思想家，都有点马克思这样的狂热劲头。毕竟对他来说，追求知识和真理，才是人生的头等大事。

马克思的求学经历说明，年轻人的"坏"有两种：一种是面对现实的冷酷，放弃青春理想后的自我放逐和堕落；另一种是怀揣理想，但面对理想和现实的落差，理想一时难以实现，又想不通而形成的叛逆与发泄。青春期的马克思就是探索中的叛逆。马克思看似是个"坏"小子，看似离经叛道，但是他从未丢弃过他的青春理想，从未放逐对人类幸福和世界未来的思考和探索。他一旦寻找到探索知识的正确道路，就开始在追梦的道路上奔跑领航，散发出人生灿烂的光芒。思考让马克思的青春叛逆闪闪发光。

2. "新的神"—— 黑格尔

马克思在柏林大学读书的时候给父亲写的一封信，里面有一段话："帷幕降下来了，我最神圣的东西已经毁了，必须把新的神安置进去。我从理想主义……转而向现实本身去寻求思想。"这里面"新的神"指什么呢？

青少年时代的马克思受到康德和费希特的影响，在柏林大学第一年就试图创造一种抽象的法哲学体系，而且还写出

康德

了 300 多页的书稿。不过，马克思在给父亲的信中说，当他写到**"在实体的私法的结尾部分，我看到了全部体系的虚假，体系的纲目近似康德的纲目，而执行起来却完全不是那样"**。马克思在那个时候就发现，抽象的体系和具体的问题之间有着一条很大的鸿沟。由于马克思写他的法哲学著作写得很苦闷，发现问题却找不到出路，于是又再次把黑格尔的著作通读了一遍。他发现，黑格尔哲学中的辩证法思想，正好可以克服康德哲学当中抽象和具体的对立、实然和应然的对立。自此之后，马克思就开始倾心黑格尔哲学。也正是在这个背景下，马克思写信给自己的父亲，他说的那个"新的神"，其实就是指的黑格尔。可见，年轻时的马克思是多么地热爱思考，他俨然已经把启发他思想的精神偶像黑格尔当作"神"了。就这样，马克思违背了父亲让他做一个律师的愿望，选择哲学作为自己研究的对象。

马克思经历了这次思想转变之后，就经朋友引荐，参加了柏林大学的"博士俱乐部"，这是一个青年黑格尔派的组织。黑格尔活着的时候说，上帝是不存在的，主导人类命运的不是上帝，而是"绝对观念"，但同时他又说神是"绝对观念"的象征。这样，黑格尔就在理性和信仰、宗教和哲学之间和了一把稀泥。他的一帮弟子觉得自己老师抬高理性贬低信仰是不对的，要求维护宗教的绝对权威；而另一帮弟子觉得不能对宗教让步，并竭力做出无神论的结论。黑格尔死后，他的这两帮弟子公开分裂。前者因为有保守的倾向，就被叫作老年黑格尔派，后者因为有激进的倾向，就被叫作青年黑格尔派。

青年黑格尔派的代表人物施特劳斯打响了第一枪。他写了一本书叫《耶稣传》，这本书影响非常大。施特劳斯揭露了基督教福音故事的因果联系和逻辑矛盾，比如圣母玛利亚受圣灵感动怀孕、耶稣复活以及类似的"神迹"，清除了附加在耶稣身上的神秘光环，得出结论说耶稣本人只不过是一个年轻的普通犹太传教士。而后世之所以流传基督的神话，是因为早期基督教社团用幻想的传说表达的对救世主降临的期待，是一种无意识的杂凑。既然耶稣只不过是个真实的历史人物，那他就只有有限的历史意义，并不是绝对真理的象征。这样施特劳斯就把耶稣从神还原成了真实的人。后来，青年黑格尔派的另一个代表人物布鲁诺·鲍威尔提出了"自我意识"的概念，鲍威尔比施特劳斯更进一步，他说宗教仅仅是人的"自我意识"的一种异化形式，是对人的普遍本质的歪曲。由于基督教号召人们崇拜这种"自我意识"的异化形式，因此必然是"人类精神的枷锁"，是麻醉人民的"鸦片"。大家注意，我们所熟知的马克思的"宗教是人民的鸦片"这个说法，其实最早来源于鲍威尔。不管是施特劳斯的《耶稣传》，还是鲍威尔的"自我意识"，都对当时的德国知识界产生了巨大的宗教解放作用。马克思本人就在他们的影响下，逐渐从少年基督教信徒，转变成为一个无神论者。

3. 只思不读，走火入魔；又思又读，立地成佛

马克思的求学经历给我们最大的启发或许就是思考让叛逆闪闪发光。不过，让马克思华丽转身的思考绝不是胡思乱想，而是建立在扎实读书基础上的理性思考。马克思之所以超越叛逆，走向伟大，不仅因为他善于思考，而且因为他大量阅读。当年曾经有小朋友给杨绛先生写过一封信，信里洋洋洒洒表达着自己对人生的困惑与不解。杨绛先生的回信既诚恳又毫不客气："你的问题在于你读书不多而又想得太多。"杨绛先生的回答其实一针见血地指出当前普遍存在的一种社会心态——浮躁。浮躁其实就是不知以为知，少知以为多知，说白了就是不读书，但又自以为是，就是俗语所言，一瓶不满半瓶咣当。

现在一些年轻朋友，每天喊着空虚寂寞冷，要么玩世不恭，要么愤世嫉俗，要么娱乐至死，看韩剧、追欧巴、打游戏、玩桌游，就是不读书，自己胡思乱想瞎琢磨一通，反而觉得自己独立思考白里透红与众不同，天下无敌，这其实就是拿幼稚当个性。"内练一口气，外练筋骨皮"，读书就像练内功，练武之人若没内力，强行练武功秘籍容易走火入魔，倒行逆施。学习思考就像吃东西，得有原料，不然只能消化自己原有的组织，长久下去新陈代谢必然失调。

马上学习

古有荀子《劝学篇》："吾尝终日而思矣，不如须臾之所学也。"今有习近平总书记的"劝学篇"："要勤于学、敏于思，坚持博学之、审问之、慎思之、明辨之、笃行之，以学益智，以学修身，以学增才。"

咱们青年人一定要谨遵古今"劝学篇"嘱咐，有精神追求，多读书苦练内功，摆脱低等感官刺激，增强理性思考，不能荒芜了我们灵魂的根据地。

一位作家曾说过："漂亮和美丽是两回事。一双眼睛可以不漂亮，但眼神可以美丽。一副不够标致的面容可以有可爱的神态，一副不完美的身材可以有好看的仪态和举止。这都在于一个灵魂的丰富和坦荡。或许美化灵魂有不少途径，阅读是其中易走的，不昂贵的，不须求助他人的捷径。"可以说，阅读可以提升人的内在美，丰富一个人的灵魂。

阅读和旅行，身体和灵魂总要有一个在路上。孤独与寂寞虽都是独处，但孤独的人因为灵魂充实并不空虚，而寂寞的人则因为精神的寂寥而备感无聊。阅读是治疗空虚无聊的一剂良药，阅读能够让我们孤独但不寂寞。通过阅读，我们可以跨越时空跟书中的人物，或是书的作者互诉衷肠，坦诚相待，我们可以与伟人对话，与信仰同行，从而提升内在美，丰富灵魂，丰盈精神。

马上学习

习近平总书记说："理想信念就是精神上的'钙'，没有理想信念，理想信念不坚定，精神上就会'缺钙'，就会得'软骨病'。"

在党的十九大报告中，习近平总书记指出："革命理想高于天。共产主义远大理想和中国特色社会主义共同理想，是中国共产党人的精神支柱和政治灵魂，也是保持党的团结统一的思想基础。要把坚定理想信念作为党的思想建设的首要任务，教育引导全党牢记党的宗旨，挺起共产党人的精神脊梁，解决好世界观、人生观、价值观这个'总开关'问题，自觉做共产主义远大理想和中国特色社会主义共同理想的坚定信仰者和忠实实践者。"

要想不缺"钙"，就得多读书。要想强筋骨，就得多读马克思主义的经典著作，用思考的力量去化解精神上的困惑。

二、爱情：在精神契合面前一切皆浮云

1. 黑矮富平逆袭白富美贵

"靠谱"这俩字是常伴马克思左右的。在他的人生道路中的另一个靠谱的决定就是娶燕妮这位成功男人背后的伟大女人。别看马克思又黑又矮、其貌不扬，但是家境还不错，算是黑矮富平。他追起燕妮来那可有一套，用现在的话来说，算是"撩妹"高手。不过，与现在很多的年轻人不一样，马克思的"撩妹"走的是高格调。

先说说燕妮是个啥样的姑娘。如果说刚才提到的马克思是黑矮富平，那燕妮就是绝对的白富美贵了。燕妮是特里尔城最美的女孩、舞会上公认的皇后，而且出身名门。马克思这个"穷小子"到底怎么逆袭了燕妮这个白富美贵呢？在这里要特别说明一下，马克思其实是出生在一个富裕的、有教养的律师家庭，这里说他"穷小子"是指他不是贵族出身，与燕妮社会地位相差悬殊。

为了追求燕妮，马克思实施了三步走计划。第一步，写

情书。他给燕妮的情书很快就得到了回复。在回信里，燕妮玩了一个文字游戏，德语里面"Ich liebe dich"是"我爱你"的意思，燕妮在回信里面把这个词倒了过来"Ichhabe dich lieb"，译成中文的意思是"你真逗"。燕妮用一种委婉又不失聪慧的方式拒绝了马克思的求爱。看到这样的答复，马克思毫不气馁，马上实施第二步计划，第二步当然不能像第一步那么草率。马克

青年燕妮

思来了一个迂回战术。他迅速收服了燕妮的闺蜜和弟弟，让燕妮身边的言论都倒向他。这个战术的使用对于马克思来说那是相当得水到渠成。为什么呢？因为燕妮的亲弟弟是马克思的大学同学，而且两人关系还挺好。而燕妮的姐姐还是马克思姐姐的同学。如果说这些条件还不够有说服力的话，那马克思还有一个必胜的法宝，那就是燕妮的父亲——路德维希·冯·威斯特华伦。他和马克思那是忘年交，关系非常好。马克思还把自己柏林大学的毕业论文送给了他。第三步，写情诗。在这里要说几句题外话，现在的年轻人搞对象通常都是打个电话、发条微信。特别要给各位小主们提醒一句，能

用严谨而精练的语言表达爱意的那才是高手。纵观人类历史，什么最值钱？当然是才华。有才华的马克思用了短短几个月的时间为燕妮量身打造了三本情诗集《爱之书》（一、二）和《歌之书》，很好地巩固了第二步的战果。至此，黑矮富平的马克思成功逆袭白富美贵的燕妮。1836年，十八岁的马克思和二十二岁的燕妮，瞒着家里偷偷订了婚。

燕妮能接受马克思是需要极大勇气的。在那个封建的时代里，燕妮需要跨越两道世俗偏见的鸿沟。一是要跨越贵族和平民不能结合的社会地位鸿沟。那个时代是真正拼爹的时代，燕妮她爹那是正宗的贵族。而马克思虽出身富裕律师家庭，但属于平民阶层，门不当户不对是不被看好的。二是要跨越姐弟恋不伦的传统观念鸿沟。在那个时代，可不像今天流行姐弟恋一样，姐弟恋可不被看好，甚至被认为是不伦行为。马克思和燕妮的父母，都是男方比女方大十岁。可是马克思比燕妮小四岁，这样的年龄差距在当时是会被笑话的。那是什么让燕妮突破重围，嫁给马克思呢？燕妮看中的是马克思的才华。《神探夏洛克》中有一句话"Brainy is the new sexy"（有头脑才是一种新"性感"），马克思正是如此。马克思不拼爹、不拼颜值，拼的是才华。男朋友有才才是硬道理，其他的都是浮云。

马克思和燕妮的爱情故事听起来真的像是童话一样，才华横溢的王子和美丽聪明的公主排除万难终于走到了一起。

但是残酷的现实永远不会和童话走到一个节奏上。马克思是一个刚毅坚强的人，不愿给任何资本家效力，一度穷困潦倒。婚后两人就住在一间简陋的出租房里。燕妮高贵、优雅、聪明，不但在生活上照顾马克思，在事业上也成了他得力的助手。马克思虽然写了大量的著作，但字迹潦草很难辨认，每次把稿子送到印刷厂之前都得让燕妮亲笔抄一遍。所以说，如果没有燕妮，这些伟大著作的问世就不会那么顺利。曾经有历史学家说，马克思追到燕妮，是这位天才的领袖所获得的第一个辉煌的胜利。

我们经常看到，说燕妮很美的评述，"特里尔城最美丽的女孩""舞会上的皇后""魔法公主"等等，这些其实都是出自马克思本人写给燕妮的信里。但是大家能猜到这是马克思什么时候对燕妮的描述吗？有人可能想到，这是马克思追燕妮的时候写的情书吧？错了，其实这是1863年写的，当时燕妮已经五十岁，而且脸上因为生过天花留下了很多麻子，应该算不上美女。可是在真正在乎她的人眼里，美早已不是世俗所在意的华丽外表了。当爱情两端的人都已不再年

马克思夫人（1864 年）

轻，当所有的新鲜都已成为习惯，当爱情逐渐与亲情重合趋同的时候，什么样的爱情是可以永远保鲜的，让人拥有一生的？在马克思和燕妮的身上，我们完全可以找到答案。这更让我们明白：只有心中有爱，才能拥有幸福。

贫穷的马克思经常交不起房租、养不起孩子。他并没有给燕妮带来富足的物质生活，但是燕妮对马克思始终不离不弃，坚定地鼓励他追求自己的政治理想。现实并没有磨灭他们的爱情，反而让他们的爱情在革命考验中越发坚固。可以说，没有燕妮就没有我们今天看到的马克思。

2. 精神契合：爱情的金钥匙

每一个成功的男人背后，都站着一个伟大的女人。燕妮绝非等闲之辈，马克思身上最开始吸引她的当然是才华，但是才华不能当饭吃，后来两个人在生活那么艰难的情况下，燕妮还是不离不弃。那是因为两个人有着共同的精神追求，他们都有着鲜明的无产阶级立场和对劳苦大众的深切同情。

作为妻子，燕妮是马克思的红色伴侣，默默地挑起家庭的重担，让马克思不至于为了生计问题浪费写作的时间；作为母亲，燕妮是一位革命母亲，她将自己的三个女儿都送上

了革命的道路；作为战士，燕妮
是马克思忠诚的战友，她卓越的
政治才干，曾经让恩格斯都惊叹
不已。在燕妮去世后，恩格斯沉
痛地说："我们将不止一次地为再
也听不到她的大胆而合理的意见
而感到遗憾。"我们可以说，燕
妮不仅忠于自己的丈夫，而且忠
于自己丈夫为之奋斗的那个阶
级——无产阶级。在燕妮晚年的
时候，曾经有马克思的战友，按

马克思大女儿燕妮与二女儿劳拉

照当时上层社会的习惯，称呼燕妮为"尊敬的夫人"。结果
燕妮很不高兴，她说把一个白发斑斑的无产阶级老战士，叫
作"尊敬的夫人"，这不是尊敬，而是一种侮辱。在燕妮去
世后，恩格斯曾经评价说，如果有一个女人把使别人幸福看
作是自己的幸福，那这个女人就是燕妮。

　　正是马克思和燕妮之间那种共同的价值追求，才让他
们的爱情始终保持新鲜，才让他们能携手走过四十年的风
风雨雨。

3. 最好的爱情不是物质上的门当户对，而是精神上的势均力敌

马克思和燕妮的爱情让我们看到，最好的爱情不是物质上的门当户对，而是精神上的势均力敌。2016年春节期间，有一则关于上海姑娘逃离江西农村的假新闻受到媒体和网民的热议，里面说了一位上海姑娘第一次去男友江西农村的家里，面对贫穷和脏乱，迅速逃离，情侣分手。这则新闻虽然后经证实是一则假新闻，但上海姑娘的做法得到一些人的力挺，说爱情就要门当户对。中国传统讲门当户对。很多人狭隘地把门当户对理解为财产、社会地位的旗鼓相当，殊不知最应该"当对"的是价值观。

一些现代人的爱情越来越拼爹拼颜值，爱爱爱、买买买、先救你、保大的。还有人说，"宁可在宝马车上哭，不在自行车上笑"。有人唱《两只蝴蝶》相扶到老慢慢飞，讲纯爱，但也有人唱《老鼠爱大米》，讲爱情实用主义，还有人唱《狼爱上羊》，把扭曲物种本性作为爱情追求。有些爱情俨然成为一种交换，甚至被扭曲。那些扭曲并异化的爱情恰恰忽略了爱情中最纯粹的一点，什么呢？主要看气质！"主要看气质"讲的正是精神契合、三观一致。马克思与燕妮之间的爱

情就是精神契合的爱情，古典纯粹，令人动容。实际上，爱情的本质不是交换，不是实用，而是契合：肉体的契合、灵魂的契合、精神的契合，是价值观的契合。

爱情究竟是什么？爱情不仅仅是两具肉体的私情，不仅仅是金风玉露一相逢，也不仅仅是生物医学上的多巴胺分泌，更不仅仅是前额皮质传递过来的一瞬间的欲仙欲死的美妙。爱情的可贵可爱在于它的社会性。那些伟大的爱情故事之所以会被口口相传、亘古弥香，就在于爱情内涵的丰富与社会关系的多样性。比方说梁祝爱情的反等级性、罗密欧与朱丽叶爱情的反对家族束缚、宝玉黛玉爱情的反封建性等，爱情的社会性非常丰富。爱情，作为一种情感，是非理性的，我们的确很难从中发现逻辑和规律。但是，却有一些基本的价值判断可以帮助我们更好地去爱。外貌、财富、地位或许会令彼此一见钟情，但价值观决定了一见倾心是否可以天长地久。马克思与燕妮一辈子不离不弃，在于两人精神契合，拥有着共同价值观的爱情。

事实上，最好的爱情从来都不是什么霸道总裁爱上傻白甜，在精神契合的面前，一切都是浮云！如果一百多年前，把马克思和燕妮的爱情故事拍成电视剧，早就没有《太阳的后裔》什么事儿了！

人只有大格局才会有大成就，爱情也一样，只有精神的契合才能长久。如果马克思是一匹野马，那燕妮就是那片草原。他们一生的故事真是跌宕起伏，全程无尿点。老马追求理想战斗不止，对抗政府，批判权贵，给不了燕妮富足的生活，甚至没有片刻安宁；燕妮对此毫无怨言，从不给老马提任何要求，默默的陪伴就是最好的爱，那才是"你输，我陪你东山再起；你赢，我陪你君临天下"。他们不仅为了彼此，更为了人民而存在，尊重对方，也尊重自己的信仰！其实，爱情就应该长成这副模样，不是弱者对强者的依附，而是势均力敌的美好！

三、择业：把高调唱成高尚

1. 没有持久的光鲜职业，却成就伟大事业

说到马克思的择业观，有这样一句话就能高度概括："马克思一生没有光鲜的职业，但却成就了一番伟大的事业。"如果一个人只是在发达的时候兼济天下，那当然也不是坏事，总比为富不仁强。可如果一个人在穷困潦倒的时候依然坚持兼济天下，那无异于圣徒。马克思就是这样的人。宁肯穷困潦倒也绝不向权贵低头。要知道马克思可不是找不到工作，靠他的才华完全可以过上锦衣玉食、加官晋爵的生活。为什么这么说呢？当年普鲁士政府就两次拉拢过马克思，邀请他为政府效力，但是马克思都非常冷淡地拒绝了邀请。因为在马克思看来，那些地方根本不是他放飞梦想的地方，更不用说让他效命于此。他一生都在为穷人说话，为人民战斗，一生都在为事业战斗，绝不会因为自己的窘困而停止。有人也许会说老马有点傻，但是要知道这就是马克思的梦想，一生未变。有多少人还记得自己最初的梦想？又有多少人早已把

梦想这事当作儿戏扔到了九霄云外？在这儿如果要说"莫忘初心"的话，那老马就是在用自己的行动为我们见证了这四个字的分量。

马克思一生都没有光鲜的职业，但是却成就了一番伟大的事业，这种力量就来源于他"为人类幸福而工作"的伟大梦想。

2.《青年在选择职业时的考虑》：伟大梦想的种子

梦想的种子，早在马克思中学时代就已经埋进了他的生命里。这颗种子的名字叫作《青年在选择职业时的考虑》，它是马克思十七岁的时候写的一篇作文。这个十七岁的中学生在选择职业的时候都考虑什么？用两个字可以概括为"尊严"。那马克思所说的"尊严"，是不是咱们普通人理解的"面子"问题？回答是否定的。马克思在这里强调的是，职业本身应当有"尊严"，应当包含某种神圣性，它不需要靠金钱来粉饰，也不需要用功名来包裹。那么，什么样的职业才是有"尊严"的？

第一，一个有尊严的职业，首先得是你自己主动选择的，而不是别人给你规定好的，这在马克思看来是人比动物强的一点。动物只能接受大自然给自己规定好的生活方式，但人不一样，人可以自主地选择各种不同的生活方式。通俗地说，就是要找一个自己喜欢、感兴趣的工作，而不是找一个别人眼里的好工作。要为自己活，而不是为别人活。要为自己的兴趣工作，而不是为别人眼里的面子工作。

第二，一个有尊严的职业，必须要包含创造性的劳动，而不能只是简单机械的重复性劳动。马克思告诫我们，如果我们的职业没有创造性，那我们和机器上的零件有什么区别呢？当然，这里强调要选择有创造性的工作，绝不是要排斥重复性劳动。它的真实含义是强调从事任何工作都要充分发挥人的主观能动性，要有创新，而不墨守成规。古人讲做人有七种境界，奴、徒、工、匠、师、家、圣。所谓奴，就是被动工作。所谓徒，主动工作但处于起步阶段。所谓工，能干活但干得很粗糙。所谓匠，能干活，也能干好活，但缺乏创新，永远老一套。所谓师，超越匠，能总结规律，能创新，能让人眼前一亮。所谓家，自成一派，见物识人。所谓圣，融通天地，由此及彼，见微知著。要想工作有尊严，至少得成为"师"，哪怕是重复性劳动，也能目无全牛，善于总结规律，创新方法，让工作更有效率。

第三，这也是最重要的一点，人一定要把个人的成长和社会进步联系在一起，为人类的幸福而工作就是最最有尊严的职业。关于这一点，马克思曾这样写道：

如果我们选择了最能为人类福利而劳动的职业，那么，重担就不能把我们压倒，因为这是为大家而献身；那时我们所感到的就不是可怜的、有限的、自私的乐趣，我们的幸福将属于千百万人，我们的事业将默默地、但是永恒发挥作用地存在下去，面对我们的骨灰，高尚的人们将洒下热泪。

有人说马克思这是在唱高调，是不是高调无所谓，关键是人家十七岁起了这么高的一个调，然后一直唱了一辈子，直到最后把"高调"唱成了"高尚"。我们不知道马克思晚年的时候是如何回顾自己这一生，他其实完全可以说："当我回首往事的时候，不会因为虚度年华而悔恨，也不会因为碌碌无为而羞愧；我能够说：我的整个生命和全部精力，都献给了世界上最壮丽的事业——为人类的解放而斗争！"

3. 身安为富，心安为贵

马克思一辈子没有光鲜的职业，但却成就了一番伟大的事业。但是，在现在一些人看来，房子、车子、票子、面子却成为评价一个人是否成功、是否拥有尊严的唯一标准。其实，人的尊严绝不能仅用金钱来包裹，不能仅用物质来粉饰，不能仅用财富来假扮。

每到春节，一般老同学都会聚聚。同学聚会成为各色人等炫耀的最佳战场，男人一般都炫耀年薪、工作，女人炫耀车子、房子、名牌包、首饰。于是乎，国内某知名高校某院系同学聚会出台了新"八项规定"，其中有几项非常有趣，比方说：

> 禁止攀比职位。
>
> 禁止攀比家产。
>
> 女生禁止攀比老公，男生禁止攀比老婆，男生女生禁止攀比儿女。
>
> ……

这聚会的"八项规定"诙谐幽默，却又直指人心。我们从小到大都喜欢"被比较"，小时候被家长和"别人家的孩子"比学习成绩，长大了比谁成功，比年薪、房子、车子，按照世俗标准，成功仿佛等价于物质上的富足，物质越丰富越好，而往往忽略了成功其实还包括精神的富足与人生价值的实现。

工作可以创造物质财富，但工作不完全等价于物质利益，劳动还包含着审美旨趣与人生理想。我们再看马克思的择业观，他在十七岁时就能写下："**历史承认那些为共同目标劳动**

因而自己变得高尚的人是伟大人物；经验赞美那些为大多数人带来幸福的人是最幸福的人。"马克思有着普罗米修斯情结，我们都知道普罗米修斯不畏宙斯的暴戾从天庭盗火种以照亮人间，马克思选择职业的标准是为了人类的福利而劳动，就是我们今天强调的"为人民服务"。

其实，认真体悟中国传统文化的富贵观对于我们正确理解尊严是非常有用的。什么是富贵？身安为富，心安才为贵。当我们的身体在一个地方安顿下来，有住的地方，有爱的人，有基本的生活条件，这不就是富足的吗？当我们身正律己，知止静安，安而后虑，虑而后得，克服了浮躁，抵御了焦虑，不以物喜，不以己悲，不忘初心，不怕鬼敲门的时候，难道不就是真正的高贵吗？这才是真正的人格高贵，才是真正的有尊严。因此，真正的尊严绝不仅仅是物质富足带来的，而是精神高贵所映现的。仅仅物质丰富还谈不上富贵和尊严，在满足了基本的物质条件之后，只有精神丰富，灵魂充沛，信仰坚定才算是真富贵，有尊严。在这一点上，马克思选择了"为人类幸福而工作"作为自己职业选择的出发点和立足点，把职业当成事业来奋斗，为我们诠释了什么是真正的尊严。

4. 扣好人生的第一粒扣子

人民有信仰，国家有力量。以房子、票子、车子、牌子为标志的成功观和尊严观显然是被扭曲的价值观的最直接体现。但不幸的是，当前有一些年轻人在消费主义和拜金主义的影响下，价值观恰恰就是这样被扭曲了。他们的成功观是畸形的、扭曲的，只见物质，不见尊严和精神。扭曲的价值观让他们在现实生活中处处碰壁，怨天尤人。可见，年轻人的正确价值观养成非常重要。

马上学习

习近平总书记说青年人价值观养成十分重要。"这就像穿衣服扣扣子一样，如果第一粒扣子扣错了，剩余的扣子都会扣错。人生的扣子从一开始就要扣好。"

在党的十九大报告中，习近平总书记指出："广大青年要坚定理想信念，志存高远，脚踏实地，勇做时代的弄潮儿，在实现中国梦的生动实践中放飞青春梦想，在为人民利益的不懈奋斗中书写人生华章。"

在小时候，我们都是在父母长辈的指导下，学会了穿衣服和扣扣子：扣子要从上到下对齐扣好，不然衣服就会不对称，歪歪斜斜的，不仅穿着不舒服，看着也别扭。

青年之于国家，如初春，如朝阳，不仅决定着自己的人生，也在一定程度上决定着国家的未来。习近平总书记非常关心青年人，不仅用亲身经历劝诫"年轻人不要经常熬夜"，还专门告诫青年"人生的扣子从一开始就要扣好"。

作家柳青曾说："人生之路是漫长的，但紧要处只有几步，尤其当人年轻的时候。"西方也有一句谚语："人生有怎样的开始，就有怎样的结束。"人生的"第一粒扣子"怎么扣，青年时代的第一步怎么走，决定着一个人能否走好一生的路，同时也是每一代青年都必须答好的一道人生考题。

每个时代都有每个时代的精神，每个时代都有每个时代的价值观。国有四维，礼义廉耻。"四维不张，国乃灭亡。"这是古代先贤对当时核心价值观的认识。那么，当今之中国，当今之青年，应该秉承什么样的价值观呢？

很多时候，我们会遇到这样的疑问：为什么接受同样教育、同时走出校门的两个年轻人，却在人生道路上走出了截然不同的轨迹？在大是大非面前，有人旗帜鲜明，有人随波逐流；在灾难来临时，有人舍生忘死，有人自私自利；在利益诱惑面前，有人坚持原则、不妄想、不妄动，有人利令智昏、投机取巧……从根本上来看，还是因为这些人世界观、人生观、价值观的不同所造成的。"总开关"一旦从开始就出了问题，只能是走得越远，跑得越偏，所谓"失之毫厘，谬以千里"，概莫如是。

对于青年来说，选对了路，就不怕路远。无论青年将要面对的是一马平川还是崇山峻岭，是康庄大道还是崎岖小路，只要始终以正确的价值观作为指导，青年的人生之路就会像将要远航的航船有了指路灯塔一样，不仅能始终走在正确的方向上，更能在需要做出选择的时候，不会迷茫，不会迷途。

习近平总书记在北京大学师生座谈会上，对广大青年提出"勤学、修德、明辨、笃实"的四点要求，既指明了青年树立正确价值观的前进方向，又指明了实现途径和有效方法。

知识就是力量，也是树立核心价值观的重要基础。所以青年要养成正确的价值观，必须勤学。求知为学，贵在勤奋、贵在钻研、贵在有恒。习近平总书记曾以"非学无以广才，非志无以成学"来说明"勤学"对青年人成长成才的重要性。鲁迅先生也曾说过："哪里有天才，我是把别人喝咖啡的工夫都用在工作上的。"青年时期是人生的最好时期，要勤于学习、敏于求知，既要形成自己的见解，把所学知识内化于心，更要多关心国家、关心人民，把这些知识外化于行。

人无德不立。修德是做人之要、立身之本。所以青年要养成正确的价值观，必须修德。青年的成长，不仅需要知识的积累、技能的提升，更需要道德雨露的滋养、良好品行的塑造。知识需要道德的引导，才能用在正确的途径上，无德之人，才华越出众，危害就会越大，而这也是很多单位用人标准为什么是"德才兼备、以德为先"的原因。德有很多种，有事关国家、天下的"大德"，有事关群体、社会的"公德"，也有事关个人品行的"私德"。青年之修德，既要志存高远、胸怀天下，养成报效祖国、奉献社会、服务人民的"大德"；又要学会劳动、学会勤俭，学会感恩、学会助人，学会谦让、学会宽容，学会自省、学会自律，踏踏实实修好"公德""私德"。唯有明大德、守公德、严私德，青年人的人生之路才不会走歪、走偏。

是非明则方向清，方向清则路子正。所以青年要养成正确的价值观，必须要明辨是非。信息时代给当代青年带来了前所未有的宽广视野，也让他们面临着前所未有的诱惑和挑战。当前，各种正确与错误的信息和思潮相互激荡，形形色色的诱惑和陷阱相互交织，面对纷繁多变、鱼龙混杂、泥沙俱下的社会，面对学业、情感、职业选择的多方面考量，青年必须要认清，一时的疑惑、彷徨和失落都是正常的人生经历，关键是要掌握正确价值观这把人生"总钥匙"，以敏锐的双眼、理性的思维、从容的心态、足够的定力，明辨是非，认清方向，选准正道，坚定不移地沿着"向上、向善"的人生轨道成长。

道不可坐论，德不能空谈。青年的一切崇高追求、高尚情怀、美好梦想，既要在行动中体现，也要靠行动来实现。所以青年要养成正确的价值观，必须要笃实。学以致用、知行合一，是中华民族的优秀品格。"天下难事必作于易、天下大事必作于细。"青年要成事，既要沉心静气，更要伏下身子。不能好高骛远，不能沉迷幻想，要扎扎实实做事，踏踏实实做人，用坚韧不拔、百折不挠的精神来浇灌梦想，把挫折考验和艰难困苦作为梦想开花结果的养料，凭借踏实而不懈的奋斗，最终迎来梦想的开花结果。

问道容易得道难，得道容易守道难。社会主义核心价值观是每个青年必须养成、践行、坚持和守护的"正道"。当然，这条"守道"之路并不好走，在这条路上，青年不仅会遇到各种拦路虎的阻挡和考验，还要面对一些走在旁门左道甚至歪门邪道上的人的诱惑。

青年不仅要养成正确的价值观，更要始终坚持和守护得来不易的正确价值观，不能为一时的利益、一时的情绪，或者一时的不如意改变初衷、目标和方向。无论顺境还是逆境，无论遇到险阻还是面对诱惑，都要始终坚持，保持定力，不忘本心。

马上学习

习近平总书记指出："核心价值观的养成绝非一日之功，要坚持由易到难、由近及远，努力把核心价值观的要求变成日常的行为准则，进而形成自觉奉行的信念理念。不要顺利的时候，看山是山、看水是水，一遇挫折，就怀疑动摇，看山不是山、看水不是水了。"

一个不容忽视的现实是：很多时候，我们穿衣服时第一粒扣子扣错了，却总在扣最后一粒扣子的时候才发现。衣服的扣子扣错了，大不了再扣一遍，但人生的扣子一旦扣错了，是无法重来一次的。青年在树立自己的价值观时，不妨向古人学习，"吾日三省吾身"，时不时地给自己做个"全面检查"，看看自己在人生的第一粒扣子有没有扣错，检查一下自己在人生的道路上有没有走歪。有则改之，无则加勉。

腾讯视频

百度网盘

音频（上）

音频（下）

第二章

再见吧！黑格尔

　　从叛逆少年到青年黑格尔派，马克思抛弃康德，拥抱黑格尔，迅速成为"博士俱乐部"中最耀眼的新星。从哲学博士到《莱茵报》主编，马克思的文章刀刀见血，令书报检察官坐立不安。在社会现实的冲击下，马克思头脑中坚固的黑格尔哲学出现一丝裂缝，新的世界观即将破土而出。克罗茨纳赫的蜜月，孕育了马克思和燕妮第一个孩子，也见证了唯物史观萌芽的成长。从"绝对观念"到"市民社会"，从"批判的武器"到"武器的批判"，马克思决绝地告别黑格尔，与恩格斯携手掀开人类哲学史新的一页。

一、二十四岁的《莱茵报》主编

1.马克思的第一份正式工作

如果说马克思需要填写一个履历表的话，上面第一份正式工作可能就是编辑。

说起这份工作，不得不提起一个马克思从未见过，但却对他产生重大影响的人——黑格尔。前面讲过，黑格尔让马克思醍醐灌顶，在学术的道路上疯狂奔跑，黑格尔甚至成为了马克思神一样的精神偶像。这个故事要从马克思的一次休学疗养说起。来到柏林大学的马克思几乎把自己的所有时间都交给了紧张的学习和研究，他常常是在微弱的烛光下通宵达旦地钻研，这严重地损害了他的健康，最后只能休学疗养。虽然说是要休息疗养，但是马克思可没闲着。在疗养期间他把已存的所有黑格尔的著作读了个底儿掉，成了个"黑格尔分子"。马克思的传记作者梅林后来说，马克思在两个学期学的内容，"如果按照学院的喂养方法，20个学期也学不完"。这种玩命的架势马克思保持了一辈子。其实黑格尔

和马克思是一对从未见过面的师
徒。这段师徒之情完全都是在马
克思大量地拜读师父留下的"武
功秘籍"中形成的。可是马克思
并不是一个读死书的学生。虽然
他当时在江湖上也算是有师承、
有门派的人了，但是他并没有像
门派中其他师兄弟一样在组织如
日中天的时候加入那个捧臭脚、
拍马屁的潮流当中，而是沉浸

黑格尔

到图书馆中潜心修炼，认真地思考寻找黑格尔理论心法中
的漏洞和破绽，以此提高自己的内功。马克思这样的革命
性和批判性的精神气质陪伴了他的一生。其实，也正是黑
格尔的革命精神让马克思发现了他一生受用无穷的"批判
的武器"。

因为笃信黑格尔思想，马克思还曾加入青年黑格尔派。
不过也正是因为信奉黑格尔思想，大学毕业后的马克思并没
有找到自己心仪的教师工作。这是为什么呢？这是因为黑格
尔的革命精神和思想触及了封建普鲁士政府的利益，普鲁士
政府刚好换了一个极为保守的教育部部长，他坚决维护封建
制度，坚决打压黑格尔思想。当时的马克思作为黑格尔的学
生，也是青年黑格尔派的一员，自然就进不了普鲁士政府的

公立大学。普鲁士政府不喜欢黑格尔，但代表资产阶级利益的一些商业资本家喜欢黑格尔。《莱茵报》背后的大股东都是一些商业资本家，他们与普鲁士政府是对抗的，所以他们喜欢马克思。根据德国历史学家弗兰茨·梅林的《马克思传》和海因里希·格姆科夫等的《马克思传》记载，正是这样的一种机缘巧合就使得二十四岁的马克思成了《莱茵报》的主编。编辑《莱茵报》是马克思思想发展中的一段重要经历。他在这个时期写了不少抨击时政的文章，为贫苦人民辩护，对专制制度做了尖锐的谴责，揭露了社会的丑陋和黑暗，成为名副其实的政论家。加盟《莱茵报》让马克思从一个有着活动家倾向的学者变成了一个带着学者风范的活动家。

如果说大学期间是马克思修炼心法提高内功的时候，那么在《莱茵报》工作的那个阶段就是他检验修炼成果的时候。那个阶段的经历让马克思的思想产生了巨大的转变。在《莱茵报》期间，马克思写了大量的文章，触及了社会中的很多现象。但在与一些具体的社会问题过招的时候，马克思发现，自己在大学里跟黑格尔一直研习的套路和招数并不能做到应对自如，甚至有些招架不住。这怎么办？

2.黑格尔哲学体系的裂痕

刚刚踏入社会，有着一身黑格尔哲学硬功夫的马克思，却遇到了现实这个强大的对手。几个回合下来黑格尔教的招不好使了。第一个回合就是一项名叫《林木盗窃法》的新法案。当时莱茵省正在讨论这项新法案，这项新法案的目的是要惩罚那些到森林里捡枯枝的穷苦农民。因为在林木所有者看来，未经允许私自捡拾森林里的枯枝，就是盗窃。但是，农民祖祖辈辈都是靠捡拾枯枝来生火做饭，维持生计，想不到现在枯枝成了林木所有者的私有财产。一边是农民的生计问题，一边是林木所有者的个人利益，两者发生冲突的时候，法律应该站在哪一边呢？

按照黑格尔的说法，国家和法律是"理性"的化身，普鲁士政府就是这样一个"理想国家"，它会永远坚持公平和正义，永远代表着绝大多数人的利益。但是现实却大大出乎马克思的意料，在物质利益面前，"理性"被打得落花流水，《林木盗窃法》坚定地站在了林木所有者一边。马克思很愤怒，写文章抨击莱茵省议会的做法。他说，农民捡拾地上的枯枝，是大自然赋予农民的正当权利。现在社会上一小部分人要把公共财产据为己有，而且还要立法来惩罚农民，这不仅伤害了农民的利益，也伤害了法律公平公正的精神。马克思说，莱茵省议会的做法，不仅打断了法律的手和脚，而且还刺穿了法律的心脏。经过这场论战，马克思清醒地意识到，普鲁士政府并不是黑格尔说的"理想国家"，它只代表私有者的利益，所谓的法律只不过是私有者维护自己利益的工具。

如果说第一回合让马克思看清了法律的虚伪性，那么马克思碰到的第二回合，黑格尔的国家理性，又明显底气不足了。因为摩塞尔地区贫苦农民的争论引发的问题，让马克思对普鲁士国王陛下的政府产生了深深的怀疑。1842年12月，马克思担任主编的《莱茵报》发表了一系列反映摩塞尔地区农民贫困状况的文章，这让莱茵省的总督大为恼火，指责《莱茵报》"企图煽起不满情绪并削弱政府和臣民之间的关系"，要求文章作者出面说明情况。马克思毫不犹豫地接受了挑战，写了一篇回应文章——《摩塞尔记者的辩护》。

在这篇文章里，马克思不再单纯地指责私人利益，他发现国家本身就有很多"缺陷"。摩塞尔地区农民的贫困，也就是政府治理下的贫困，所以即使再换一拨称职的公务员，摩塞尔地区照样贫困。马克思有句很经典的话："（国家生活现象中）存在着这样一些关系，这些关系决定私人和个别政权代表者的行动，而且就像呼吸一样地不以他们为转移。"在研究这些关系的时候，不是要去寻找善意和恶意，而是要研究这种客观关系是怎样对官员的活动发生决定性作用的。

这样一来，马克思先是对法律失望，后来又对政府失望，两重失望一累加，黑格尔哲学体系的内在矛盾就暴露出来了。马克思意识到，要揭示物质利益和国家立法之间的真实关系，仅仅依靠黑格尔哲学是无能为力的。正是《莱茵报》时期第一次遇到的要对物质利益发表意见的"难事"，促使马克思去研究经济学，这是马克思头脑中黑格尔哲学体系的第一道裂痕，也是他破茧重生的开始。

从这件事里，我们也能看出，马克思刚一走上社会实践的舞台，就显示出善于把握实践的高超能力，和敢于怀疑权威的过人勇气。

尽管马克思对黑格尔的理论产生了怀疑，但是他并没有抛弃老师。在随后的日子里，不断有人质疑黑格尔，甚至恶意地称黑格尔是"死狗"，这个叫法在那个时代其实就是在变相地说这人一无是处。当年的好多师兄弟已经倒戈，可听到这样的话，已经自立门户的马克思却勇敢地站出来在江湖上喊话——"我是黑格尔的徒弟"。此时此刻，马克思真的应该拥抱黑格尔，为他盛情地演唱一首：*You raise me up*（你鼓舞了我）。

3. 吾爱吾师，吾更爱真理

黑格尔为什么能成为大咖马克思的老师呢？是因为黑格尔有两大秘密武器让年轻时的马克思佩服得五体投地，一是一套完整的哲学体系，二是貌似强大的概念辩证法。先说黑格尔完整的哲学体系，在这个庞大的哲学体系里精神决定了一切。

说到这里，先给大家简单地科普一下黑格尔。前文我们也讲到，马克思一生日子过得紧巴巴的，可以说很多哲学家大都放浪形骸，只注重精神世界，黑格尔却是哲学家里为数不多的理论工作与俗世生活都过得很幸福的人。黑格尔一方面追求精神境界的完美，创建了一个伟大的绝对观念体系，并宣布德国哲学在自己这里到达了顶点，无人能超越。另一方面，他追求俗世生活的完美，他的理论为资产阶级革命开辟了道路，可他自己却当上了普鲁士封建政府统治下柏林大学的校长，享受着荣华富贵。从世俗的角度来说，黑格尔的人生是很完美的，有名有利，立言立德，棒棒哒！

很多人曾抱怨说，黑格尔的理论太晦涩，根本读不下去。没错，德国古典哲学就是这个特征。古典怎么理解呢？本是形容建筑物庄严豪华，雄伟瑰丽，德国哲学也有此特点。黑格尔又把德国古典哲学推上了顶峰，所以啃黑格尔的理论，自然会产生"蜀道之难，难于上青天"的感觉。

要读懂黑格尔的《精神现象学》，我们不妨先读一本黑格尔的朋友大文豪歌德的《浮士德》。歌德曾经在黑格尔评教授职称时帮助过他，两人关系不错。后人也总喜欢将黑格尔的《精神现象学》与歌德的《浮士德》相提并论，浮士德在无尽的世界里漫游探索人生，与黑格尔的"绝对观念"在世界的探险旅行、实现着自身有着异曲同工之妙。黑格尔哲学的核心概念就是"绝对观念"。

按照德国古典哲学的传统，每个哲学大侠都爱自创一套绝对真理来完成体系，并演绎论证其完美，黑格尔也未能免俗，他创造了绝对观念的完美哲学体系。绝对观念指的是宇宙的本质与理性的绝对形式，也就是说，绝对观念是一切事物的起源。黑格尔的哲学体系就是一个圆圈圈，是以自我意识为起点，经过三个阶段：逻辑阶段、自然阶段和精神阶段。与此相对应，黑格尔的哲学体系也包括三个部分：逻辑学、自然哲学和精神哲学。逻辑学由存在论、本质论和概念论三部分构成。自然哲学和精神哲学都属于逻辑学的展开，因此又叫应用逻辑学。自然哲学研究自然，精神哲学研究人和社会。自然哲学和精神哲学都是逻辑学"外化"而成的哲学。自然哲学包括物理学、生物学和化学。精神哲学分为主观精神、客观精神和绝对精神：主观精神分为人类学、精神现象学和心理学；客观精神包含法哲学和历史哲学；而绝对精神是一个纯粹精神领域，既主观又客观，是艺术哲学、宗教哲学和哲学史。黑格尔认为自己的哲学是绝对精神的结束，他把握了绝对真理，他是世间万物的终结者，是上帝的自我意识。至此，黑格尔完成了他的哲学体系，体系却又不幸地沦为模式。黑格尔的哲学体系就是一个圆圈圈，是以自我意识为起点，经过三个阶段，回归于绝对精神。它是"精神超出自我，分裂自我，异化自我，同时又回到自我"的一个过程。在这个过程中，精神以逻辑为原则，以对立统一为动力，循环往复，自然、人、社会、国家、法在循环中产生，世界万物的丰富性在循环中展现。黑格尔说这个先于自然界和人类社会而独自存在的绝对精神就是上帝。黑格尔本人并不是基督教哲学家，他早期的著作里也不时地批判着基督教。那为什么黑格尔要把绝对精神说成是上帝呢？其实，"上帝"一词内涵丰富，很多哲学家都将自己哲学的核心概念归结到上帝，比如说，斯宾诺莎就曾说"实体即上帝"，但这个"上帝"却并非基督教中的上帝，而这些哲学家也不是传统的教徒和上帝论者。

黑格尔之所以将绝对精神归结为上帝，除了可以使绝对精神拥有至高无上的地位，还有就是这个"上帝"可以保护黑格尔免受迫害。尽管人们赞美黑格尔是哲学大神，但大神背后也"拖着一根庸人的辫子"。为求自保，黑格尔不得不将自己哲学的革命意义深深掩藏在"上帝"的废墟中。

再说黑格式的概念辩证法。黑格尔觉得，自己创建的体系这么完美，世上还有哪个方法论能与这个体系匹配呢？建立在矛盾律基础上的传统逻辑只适合日常生活，太低级，根本不适合我的哲学思考。哲学要达到更高的真理，需要不断的变动，于是黑格尔创立了新的方法论：概念辩证法。这种辩证法类似于植物从种子到果实再到种子这样的发展过程，即正题＋反题＝合题。从种子到果实再到种子，不是简单克服，而是完成了质的飞跃。黑格尔第一次把整个自然的历史和精神的世界描写成一个不断运动、变化和发展的过程。事物不是静止的，是变动的。马克思从黑格尔的辩证法里看到了"革命性"。马克思说："**辩证法不崇拜任何东西，按其本质来说，它是批判的和革命的**。"

自以为是的处女座的黑格尔看不起东方社会和东方哲学，他说"中国无历史"，有的不过是君主覆灭的重复循环，任何进步都无法从中产生。他认为中国和印度的哲学不过是枯燥的理智。他尤其看不起孔子，认为《论语》不过是孔子给弟子们普及一些常识道德，这样一位讲究实际的世间智者，没什么思辨哲学，有的不过是一些老练、善良的道德教训罢了。他还大放厥词：中国人的语言——汉语，根本不适合哲学思辨。这一批评彻底惹毛了一位清华男同学，偏巧这位清华男青年也伶牙俐齿舌灿莲花，他撰文驳斥："黑格尔尝鄙薄吾国语文，以为不宜思辨；又自夸德语能冥契道妙，举'奥付赫变'为例，以相反两意融会于一字，拉丁文中亦无义蕴深富尔许者。其不知汉语，不必责也；无知而掉以轻心，发为高论，又老师巨子之常态惯技，无足怪也；然而遂使东西海之名理同者如南北海之马牛风，则不得不为承学之士惜之。"这位清华男生就是钱锺书。其实黑格尔这次的批评相当草率且很不负责任，"奥付赫变"一词德文是"aufheben"，其在德语中的意思是对旧事物的批判和继承，并把它发展到新的阶段。这一极具思辨意味词语的中文翻译是"扬弃"，想想农民碾麦子扬场的动作，你就会心一笑，这词译得不仅信达雅且形神兼备，并且相当思辨。有舍才有得，先扬才能弃，其实中文里这样讲究思辨的词汇很是丰富，黑格尔估计没通过汉语四六级。

4. 唯物辩证法是个大智慧

黑格尔是处女座，处女座追求完美故而纠结，这一点在黑格尔身上体现得淋漓尽致。黑格尔是典型的做人、学术两不误，在世俗生活上，相对于很多哲学家或不婚或不羁的气质，他既能当封建政府官方大学的校长，他的哲学理论却又为资产阶级革命鸣锣开道；在学术理论方面，黑格尔的体系是完美的、静止的，可他的方法论却是革命的、辩证的，直接告诉世人：一切事物都是暂时的，都具有运动的绝对性，一切现实都会丧失必然性和合理性。于是乎，貌似完美静止的体系和讲究生命不息运动不止的辩证法产生了冲突。多年之后，马克思作为"吾爱吾师，吾更爱真理"的典型，站在老师黑格尔的肩膀上，不是把精神与运动，而是把物质与运动联系在一起，将黑格尔颠倒的世界观扶正过来，把辩证法推进到一个新的高度：唯物辩证法。

黑格尔的辩证法是概念辩证法，不是从现实派生出来的辩证法，而是从绝对精神里面不断地辩证运动。实际上这个是有点站不住脚的。马克思作为黑格尔的学生，学到了老师最有价值的东西——辩证法，但是马克思看到了黑格尔概念辩证法在理论和现实之间的对立，改造了黑格尔的辩证法，从物质、从现实、从实践出发，而不是从抽象概念出发解释一切，改造一切，给辩证法铸就了唯物论的底座，把黑格尔颠倒了的辩证关系扶正了过来，把概念辩证法变成了唯物辩证法，这就是马克思的创新之处。

讲到唯物辩证法，很多人都蒙圈了！到底什么是辩证法？从学理上讲，唯物辩证法有两大特征——联系和发展，有三大基本规律——对立统一规律、质量互变规律、否定之否定规律，还有一系列基本环节——现象与本质、理想与现实、形式与内容、相对与绝对、抽象与具体、偶然与必然、一般与个别、原因与结果等。其实，通俗地说，要掌握唯物辩证法，只要把握两分法、结合、具体问题具体分析三个关键词就可以了。

先说说两分法。有人一提两分法就以为是将事物简单地分为好和坏，这太幼稚、太庸俗。两分法的本质是多分法，就是多角度看问题。看任何一个问题都要看到它的多棱、多面、多角，一定要解剖着看，要目无全牛。我们为什么要坚持多角度看问题呢？回答这个问题之前，我们不妨看看右图，大家看到的是一个什么？一个老太太。大家把书旋转180度再看，看到了什么？没错，请相信你的眼睛，你看到的是一个美女。这就是多角度看问题的魅力：生活当中我们不缺少美，只是缺少发现美的角度。当我们运用多角度的方式来发现问题的时候，可能那些丑恶的东西我们可以看到，但是我们更可以在生活当中发现美。

再说结合。结合就是在多角度看问题的基础上，把重要的角度结合起来，这其实也是我们可以操作的创新。这个时代的创新有三种：第一种是原始性创新，第二种是集成式创新，第三种是消化吸收再创新。而我们每个人都能操作的创新就是后两种，就是结合式创新。例如，SWOT 的分析方法，把优势（S）、劣势（W）、机会（O）、威胁（T）一组合，就会形成 SO、ST、WO、WT 等创新性战略。

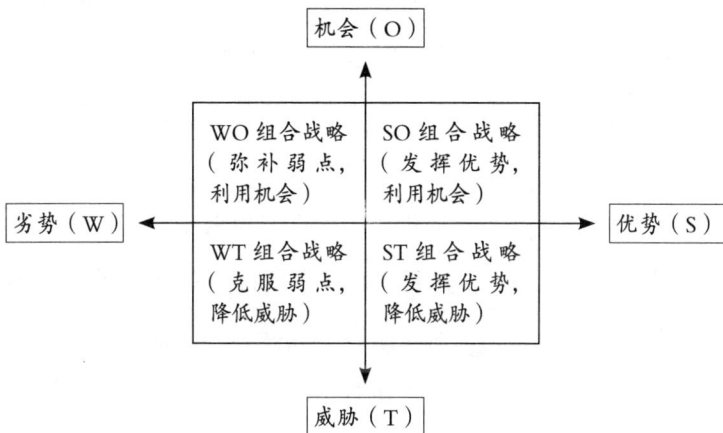

```
                        机会（O）
                           ↑
        ┌──────────────────┼──────────────────┐
        │  WO 组合战略       │  SO 组合战略       │
        │ （弥补弱点，       │ （发挥优势，       │
        │  利用机会）        │  利用机会）        │
劣势（W）├──────────────────┼──────────────────┤优势（S）
        │  WT 组合战略       │  ST 组合战略       │
        │ （克服弱点，       │ （发挥优势，       │
        │  降低威胁）        │  降低威胁）        │
        └──────────────────┼──────────────────┘
                           ↓
                        威胁（T）
```

最后说具体问题具体分析，这是唯物辩证法的精髓。其核心就是在两分和结合的基础上对问题进行分类，就像重庆火锅里那个九宫格一样，把问题落小落细。例如，当代中国解决了挨打和挨饿的问题，还面临着挨骂的问题，那么我们应该怎么看待挨骂呢，也就是怎么看待对我们的批评呢？用唯物辩证法我们可以从批评的动机（善意的或恶意的）和批评的根据（有客观根据或无客观根据）两个维度对批评进行分类，两个维度四个方面一交叉结合，可以分成四类：第一类是善意的、有根据的批评，可以称之为建设性批评，如同父母和老师对我们的批评，这样的批评我们应当鼓励并接受；

第二类是恶意的或是无意的、有根据的批评，可称之为牢骚性批评，如同利益受损者的牢骚抱怨，如果这些人的利益确实受到了损害，不管他们的态度如何，对于他们的抱怨和批评，有关部门应当包容、重视并予以解决；第三类是没有动机亦没有根据的批评，可以称之为跟风式批评或发泄式批评，如同在大街上看热闹，看见有人起哄谩骂，也跟风瞎骂，对于这种"批评"，就应当及时地公布真相，以正视听，有效引导；第四类是有恶意动机、不但没有根据而且编造证据的造谣抹黑式"批评"，这种"批评"实际上就是造谣。造谣动动嘴，辟谣跑断腿。对于这种造谣抹黑式"批评"绝不能心慈手软，必须依法予以严厉打击和惩治。可见，当掌握了唯物辩证法以后，再去看待批评的时候，我们就会看得更深刻、更直接，就不会简单化地对待批评，而是能做到具体问题具体分析。

最重要的是，掌握了辩证法，有助于认识问题、分析问题和解决问题，能让我们具有大智慧，变得更幸福。经常有年轻的朋友问笔者："理想和现实的差距如此之大，我现在很困惑，很焦虑，怎么办？"其实，这种困惑的由来是因为没有搞清楚理想和现实的辩证法。理想是什么？理想是基于未来的一种设想。理想之路有无数多条，未来的途径有无数多种，但是现实呢？现实的路只有一条，我们人生每一天都是现场直播。焦虑就是因为经常把对未来的美好设计误认为是一定会实现的现实。比如说有人想要考公务员，总觉得只要考上公务员就可能成为国家总理。但事实并非如此，一旦理想泡汤，失落、困惑、焦虑就来了。这样讲或许还是有些抽象，我们不妨通过一个故事跟大家分享一下理想和现实的辩证法。假如你是一个高颜值美女，在大学里面谈恋爱自然是必修课。大学时的你会喜欢什么样的男生？一定是阳光型的高富帅，而像笔者这样的矮瘦穷可能就不受待见。假设笔者跟高富帅一起追你，那时的你可能眼也不眨就会选高富帅。笔者自然受了刺激，不争馒头，争口气，发誓活出个人样来给你看看，于是创业成功。与此同时，你跟高富帅结合以后家道败落。十年以后同学聚会，我们在停车场偶遇，我创业成功，推开的是宝马 740 的车门，高富帅因为家道败落，跟你推开的是 QQ 的车门。见面的这一刹那，你后悔了，心想当年怎么就瞎了眼呢。尽管现实是不可能让你回到从前的，但是上帝听到了你的心声，允许你乘坐时光机器回到十年前。这次，你重新选择，你因为看到未来，选择了矮穷矬的笔者。然而，千万不要以为未来会原封不动地重新上演，因为就在你做出这个选择的一瞬间，这一切又都变了。你想想矮穷矬的笔者会怎么想。我想我什么都没有，却抱得美人归，今生何憾，今世何求，考个公务员，过个小日子，小富即安，老婆孩子热炕头，人生圆梦了。高富帅怎么想呢？受刺激了，那么多女孩追他，他不搭理别人，他追你你还不搭理他，他不争馒头争口气，他要活出个人样来给你看看。尽管家道败落，但是在这种强烈的刺激下，他创业成功。十年以后，我们停车场偶遇，高富帅打开的是玛莎拉蒂的车门，而笔者和你或许是从电动车上跳下来的。这就是理想与现实的辩证法。很多人觉得理想那么高，现实那么低，不要怕，因为一切都是在变化的，一切都是在发展的，其实这就是辩证法。所以同学们，好好跟着马克思学唯物辩证法，你的生活会越来越幸福，你的心理会越来越强大。

需要特别说明的是，我们用这个比喻仅仅是为了更加形象地说明理想和现实的辩证关系，绝没有把开什么车作为成功与否标志的意思。真正的成功还是本书前面所讲过的，在满足了基本物质条件基础上的精神富足与充盈。

马上学习

习近平总书记特别强调唯物辩证法的学习和应用。党的十八大以来，习近平总书记多次强调各级领导干部要努力学习掌握科学的思维方法，防止出现"新办法不会用，老办法不管用，硬办法不敢用，软办法不顶用"的情况，以科学的思维方法保证各项改革顺利推进。2015年1月23日，中共中央政治局集体学习了辩证唯物主义基本原理和方法。习近平总书记在主持学习时指出："辩证唯物主义是中国共产党人的世界观和方法论，我们党要团结带领人民协调推进全面建成小康社会、全面深化改革、全面依法治国、全面从严治党，实现'两个一百年'奋斗目标、实现中华民族伟大复兴的中国梦，必须不断接受马克思主义哲学智慧的滋养，更加自觉地坚持和运用辩证唯物主义世界观和方法论。"他强调："必须学会运用辩证法，分清层次，认真思考。'审大小而图之，酌缓急而布之，连上下而通之，衡内外而施之。'"学习辩证法，是为提高决策的质量，提高"解决我国改革发展中的基本问题的本领"。

习近平总书记更善用辩证法。例如，他讲改革要做到蹄急而步稳；讲生态文明，提出绿水青山就是金山银山；讲团结问题，提出正确处理好"手指"与"拳头"的关系；讲精神文明，提出"虚功"一定要"实做"；讲发挥市场在资源配置当中的决定性作用，但不是全部作用，同时还要发挥好政府这只手的作用；讲供给侧结构性改革，不但强调要从供给侧发力，也强调不能忘了需求侧，强调的是供给侧和需求侧同时发力。

在党的十九大报告中，习近平总书记运用唯物辩证法科学分析当前我国社会主要矛盾的变化，他指出：中国特色社会主义进入新时代，我国社会主要矛盾已经转化为人民日益增长的美好生活需要和不平衡不充分的发展之间的矛盾。我国稳定解决了十几亿人的温饱问题，总体上实现小康，不久将全面建成小康社会，人民美好生活需要日益广泛，不仅对物质文化生活提出了更高要求，而且在民主、法治、公平、正义、安全、环境等方面的要求日益增长。同时，我国社会生产力水平总体上显著提高，社会生产能力在很多方面进入世界前列，更加突出的问题是发展不平衡不充分，这已经成为满足人民日益增长的美好生活需要的主要制约因素。

必须认识到，我国社会主要矛盾的变化是关系全局的历史性变化，对党和国家工作提出了许多新要求。我们要在继续推动发展的基础上，着力解决好发展不平衡不充分问题，大力提升发展质量和效益，更好满足人民在经济、政治、文化、社会、生态等方面日益增长的需要，更好推动人的全面发展、社会全面进步。

必须认识到，我国社会主要矛盾的变化，没有改变我们对我国社会主义所处历史阶段的判断，我国仍处于并将长期处于社会主义初级阶段的基本国情没有变，我国是世界最大发展中国家的国际地位没有变。全党要牢牢把握社会主义初级阶段这个基本国情，牢牢立足社会主义初级阶段这个最大实际，牢牢坚持党的基本路线这个党和国家的生命线、人民的幸福线，领导和团结全国各族人民，以经济建设为中心，坚持四项基本原则，坚持改革开放，自力更生，艰苦创业，为把我国建设成为富强民主文明和谐美丽的社会主义现代化强国而奋斗。

　　可见，从小我到大我，从小确幸到大幸福，从个人生活到治国理政，智慧的辩证法无处不在。

二、马克思怎么度蜜月？

1. 马克思的"两个孩子"

马克思在《莱茵报》只工作了一年的时间，因为激进的文章内容得罪了利益集团，招来了很多麻烦，1843 年，他不得不辞去主编的工作。但是一下成了无业游民的马克思并不孤单，几个月之后，马克思就和燕妮结束了长达七年的爱情长跑，步入婚姻殿堂。有情人终成眷属，那蜜月期理应花前月下美酒佳酿，但是在克罗茨纳赫婚后的马克思并没有让蜜月的甜蜜和平静占据自己太多的时间，取而代之的是更加紧张的创作。对于成天泡在书堆里的马克思，人们真是很难理解他是娶燕妮为妻还是早就和书籍结为连理，以身相许。马克思的一生读书无数，著作等身，每次当他开始退回书斋，忘我读书的时候就是要有大成果诞生的时候，眼前的这一次也不例外。

马克思在这个阶段孕育了两个孩子。其中一个叫小燕妮，单从名字上就能看出老马对于女儿的疼爱。另一个孩子的名字叫作"唯物史观"。这个孩子的孕育成为马克思世界观发展的一个重要分界线。两个孩子里老马明显对后面这个叫作"唯物史观"的孩子更加上心。为了保证这个"孩子"的顺利诞生，马克思在这个阶段读了 24 本著作、写了 255 页的读书笔记，用五本密密麻麻的研究摘要完成了《克罗茨纳赫笔记》，提前庆祝这个"孩子"的到来。《克罗茨纳赫笔记》当然不是真的可以成为一个孩子诞生的营养，那它是一本怎样的书呢？

2. 超越黑格尔

《克罗茨纳赫笔记》像一股知识的清泉，滋润着即将破土而出的唯物史观的萌芽。根据这份读书笔记，马克思整理出两篇文章，发表在《德法年鉴》上，分别是《〈黑格尔法哲学批判〉导言》和《论犹太人问题》，他在这两篇文章中向世人第一次展示了唯物史观的萌芽。

通过总结《莱茵报》时期的现实教训，马克思对黑格尔法哲学又进行了深入的批判。这时，费尔巴哈把黑格尔颠倒了的现实与观念的关系摆正了过来，法国的历史学家又对社会的阶级问题有了新的认识，受到这些思想的启发，马克思发现，国家、法律以及宗教其实并不神秘，它们非但不是什么"绝对观念"的化身，反而处处受到"物质生产关系的总和"的制约。由于这种"物质生产关系的总和"又叫市民社会，推动历史发展，决定国家权力运转的，是来自地上有着黄土气息的"市民社会"，而不是来自天上高冷傲娇的"绝对观念"。马克思得出一个结论，不是国家决定市民社会，而是市民社会决定国家。国家权力如何运转，是由市民社会内部的矛盾和斗争决定的。国家如此，法律和宗教也是如此。因此，在马克思看来，之前青年黑格尔派对宗教的批判，其实是只打狐狸，却放过了狐狸背后的老虎。马克思在《〈黑格尔法哲学批判〉导言》这篇文章中说，既然不存在什么天国的真理，那我们的任务就是要确立现实世界的真理。所以他呼吁，**"对天国的批判要变成对尘世的批判，对宗教的批判变成对法的批判，对神学的批判变成对政治的批判"**。

既然要批判，那就有个工具问题。拿什么去批判现实世界，批判市民社会？马克思说了很著名的一段话：

> 批判的武器当然不能代替武器的批判，物质力量只能用物质力量来摧毁；但是理论一经掌握群众，也会变成物质力量。理论只要说服人，就能掌握群众；而理论只要彻底，就能说服人。

什么是"批判的武器"？理论辩论！

什么是"武器的批判"？实践斗争！

马克思在这里强调，理论必须要彻底，必须要接地气，才能说服人，才能掌握群众，才能转化成为实践斗争的力量。

那马克思心目中要掌握的群众是哪一部分人呢？是欧洲各国貌似慈悲的王公贵族吗？是 19 世纪脑满肥肠的大工厂主吗？都不是。理论要掌握的群众，是马克思所说的那个"被戴上彻底的锁链的阶级"，即无产阶级。他们因为被压迫，所以要反抗；因为被彻底压迫，所以已经退无可退，只有革命一条道路。列宁高度地评价了马克思这篇导言，说马克思对现存的一切进行了无情的批判，特别主张武器的批判，诉诸群众，诉诸无产阶级，这表明马克思已经是一个真正的革命家。

马克思这篇导言集中体现了他的文风特点。在中学的时候，马克思写文章就喜欢推敲一些精美的句子。现在，这个特点表现得越来越明显，也越来越成熟了。在导言中，马克思反复运用警句、比喻、重复、对仗等多种手法，努力使文章形成一股排山倒海的力量。比如像"**哲学把无产阶级当做自己的物质武器，同样，无产阶级也把哲学当做自己的精神武器**"这句，还有"**一切内在条件一旦成熟，德国的复活日将会由高卢雄鸡的高鸣来宣布**"等等，都是如此。马克思的文章就像个重型武器，不发动则已，一发动就能给对手造成毁灭性的打击。而他之所以热衷于这种文风，正是由于他特别欣赏自己文章中那种"锋利而沉重的武器的铿锵声"。

3. "批判的武器" 与 "武器的批判"

没错，马克思的文章像匕首，像投枪，指的就是"批判的武器"。而无产阶级接受了马克思的理论，愤然拿起武器推翻旧社会，那就是"武器的批判"了。说得可爱一点儿，"批判的武器"就是以德服人，动口、动脑、动笔；"武器的批判"就是动手、动脚、动粗，给你点 color to see see（网络语：给你点颜色看看）。

简单地说，"批判的武器"说的是"笔杆子"，"武器的批判"指的是"枪杆子"。现在很多人瞧不起学理论的，我有一次和别人谈起专业，那人说那你一定记忆力很好，你们学理论不就是靠死记硬背吗？你看，傲慢与偏见总是联系在一起。现在一提到法学博士、哲学博士，很多人会认为你没有真才实学，不过是耍嘴皮子玩笔杆子，都是空话套话，不如有一技之长的。

人们普遍认为，科学技术是"务实"，理论是"务虚"。其实务虚不是坏事。务虚是对务实的引导，技术是务实，可是技术最后是服务于人类的自由和发展，还是变成杀人的利器，这得靠理论的引导与思想的武装。例如核能，若被正确的理论引导，可以发电造福人类；若被邪恶的理论引导，会成为反人道的战争武器。如果知识不是服务于广大群众，不是服务于人类的尊严与自由，而是为了满足少数人的一己之私，而牺牲大多数人的幸福和安宁，这样的知识当然是有害的。

理解了理论的意义，我们再回到马克思的"批判的武器"与"武器的批判"。我们发现一部中外革命史，无数次地诠释和佐证了马克思这句话体现出的光辉思想。马克思主义就是一种"批判的武器"，要知道，没有理论武装的群众是乌合之众，他们的运动也是盲目的，但一旦用理论去武装群众，群众立刻满血复活开了外挂，无论是俄国的十月革命，还是中国的革命，马克思主义理论都迸发出了无穷的能量，转变成了开天辟地、雷霆万钧的"物质力量"。你有理论，我也有理论，二者还可以打嘴仗。当然，光打嘴仗还不够。不但得有"批判的武器"，还得有"武器的批判"，也就是不但得有理，还得有枪。所以在1927年的"八七会议"上，毛泽东用一句充满了中国气派的话"枪杆子里面出政权"，再次印证了"武器的批判"是不可替代的。

马上学习

2017年10月18日至10月24日，中国共产党第十九次全国代表大会在北京胜利召开。这次大会的主题是：不忘初心，牢记使命，高举中国特色社会主义伟大旗帜，决胜全面建成小康社会，夺取新时代中国特色社会主义伟大胜利，为实现中华民族伟大复兴的中国梦不懈奋斗。习近平代表第十八届中央委员会向大会作了题为《决胜全面建成小康社会 夺取新时代中国特色社会主义伟大胜利》的报告。习近平总书记在报告中把十八大以来党的理论创新成果概括为新时代中国特色社会主义思想，党的十九大通过的党章修正案把习近平新时代中国特色社会主义思想确立为我们党的行动指南，实现了党的指导思想的又一次与时俱进。这是党的十九大的一个重大历史贡献。深入学习贯彻习近平新时代中国特色社会主义思想，对于凝聚全党全国各族人民的思想共识和智慧力量，决胜全面建成小康社会，夺取新时代中国特色社会主义伟大胜利，实现中华民族伟大复兴的中国梦，具有重大现实意义和深远历史意义。

党的十八大以来，习近平总书记以非凡的政治智慧、顽强的意志品质、强烈的历史担当，团结带领全党全国各族人民进行具有许多新的历史特点的伟大斗争，统筹推进"五位一体"总体布局，协调推进"四个全面"战略布局，推动改革开放和社会主义现代化建设取得新的重大成就，推动党和国家事业全面开创新局面、发生历史性变革，赢得全党全军全国各族人民高度评价和衷心爱戴，成为党中央的核心、全党的核心。在领导全党全国推进党和国家事业的实践中，习近平总书记以马克思主义政治家、理论家的深刻洞察力、敏锐判断力和战略定力，提出了一系列具有开创性意义的新理念新思想新战略，为新时代中国特色社会主义思想的创立发挥了决定性作用、作出了决定性贡献。

习近平新时代中国特色社会主义思想，明确坚持和发展中国特色社会主义，总任务是实现社会主义现代化和中华民族伟大复兴，在全面建成小康社会的基础上，分两步走在本世纪中叶建成富强民主文明和谐美丽的社会主义现代化强国；明确新时代我国社会主要矛盾是人民日益增长的美好生活需要和不平衡不充分的发展之间的矛盾，必须坚持以人民为中心的发展思想，不断促进人的全面发展、全体人民共同富裕；明确中国特色社会主义事业总体布局是"五位一体"、战略布局是"四个全面"，强调坚定道路自信、理论自信、制度自信、文化自信；明确全面深化改革总目标是完善和发展中国特色社会主义制度、推进国家治理体系和治理能力现代化；明确全面推进依法治国总目标是建设中国特色社会主义法治体系、建设社会主义法治国家；明确党在新时代的强军目标是建设一支听党指挥、能打胜仗、作风优良的人民军队，把人民军队建设成为世界一流军队；明确中国特色大国外交要推动构建新型国际关系，推动构建人类命运共同体；明确中国特色社会主义最本质的特征是中国共产党领导，中国特色社会主义制度的最大优势是中国共产党领导，党是最高政治领导力量，提出新时代党的建设总要求，突出政治建设在党的建设中的重要地位。

全党要深刻领会新时代中国特色社会主义思想的精神实质和丰富内涵，在各项工作中全面准确贯彻落实。

一、坚持党对一切工作的领导。党政军民学，东西南北中，党是领导一切的。

二、坚持以人民为中心。人民是历史的创造者，是决定党和国家前途命运的根本力量。

三、坚持全面深化改革。只有社会主义才能救中国，只有改革开放才能发展中国、发展社会主义、发展马克思主义。

四、坚持新发展理念。发展是解决我国一切问题的基础和关键，发展必须是科学发展，必须坚定不移贯彻创新、协调、绿色、开放、共享的发展理念。

五、坚持人民当家作主。坚持党的领导、人民当家作主、依法治国有机统一是社会主义政治发展的必然要求。

六、坚持全面依法治国。全面依法治国是中国特色社会主义的本质要求和重要保障。

七、坚持社会主义核心价值体系。文化自信是一个国家、一个民族发展中更基本、更深沉、更持久的力量。

八、坚持在发展中保障和改善民生。增进民生福祉是发展的根本目的。

九、坚持人与自然和谐共生。建设生态文明是中华民族永续发展的千年大计。

十、坚持总体国家安全观。统筹发展和安全，增强忧患意识，做到居安思危，是我们党治国理政的一个重大原则。

十一、坚持党对人民军队的绝对领导。建设一支听党指挥、能打胜仗、作风优良的人民军队，是实现"两个一百年"奋斗目标、实现中华民族伟大复兴的战略支撑。

十二、坚持"一国两制"和推进祖国统一。保持香港、澳门长期繁荣稳定，实现祖国完全统一，是实现中华民族伟大复兴的必然要求。

十三、坚持推动构建人类命运共同体。中国人民的梦想同各国人民的梦想息息相通，实现中国梦离不开和平的国际环境和稳定的国际秩序。

十四、坚持全面从严治党。勇于自我革命，从严管党治党，是我们党最鲜明的品格。

习近平新时代中国特色社会主义思想源于实践又指导实践，为新时代坚持和发展中国特色社会主义、推进党和国家事业提供了基本遵循，为发展21世纪马克思主义、当代中国马克思主义作出了历史性贡献。

一是开辟了马克思主义新境界。习近平新时代中国特色社会主义思想贯穿改革发展稳定、内政外交国防、治党治国治军各个领域，既坚持了老祖宗，又谱写了新篇章，实现了马克思主义基本原理与中国具体实际相结合的又一次飞跃，是 21 世纪中国的马克思主义，是马克思主义中国化最新成果，为发展马克思主义作出了中国的原创性贡献，在马克思主义中国化进程中具有里程碑意义。

二是开辟了中国特色社会主义新境界。习近平新时代中国特色社会主义思想把中国特色社会主义和实现社会主义现代化、实现中华民族伟大复兴有机贯通起来，深刻回答了新时代坚持和发展中国特色社会主义的一系列重大问题，为中国特色社会主义注入了新的科学内涵，进一步彰显了新时代中国特色社会主义的蓬勃生机和活力。

三是开辟了治国理政新境界。在习近平新时代中国特色社会主义思想指引下，我们党团结带领人民推动党和国家事业发生了全方位、开创性、深层次、根本性的历史性变革，解决了许多长期想解决而没有解决的难题，办成了许多过去想办而没有办成的大事，我国经济实力、科技实力、国防实力、综合国力、国际影响力和人民获得感显著提升，党的面貌、国家的面貌、人民的面貌、军队的面貌、中华民族的面貌发生了前所未有的变化。

四是开辟了管党治党新境界。遵循习近平新时代中国特色社会主义思想，我们党以坚强的决心、空前的力度，推进全面从严治党，坚持思想从严、管党从严、执纪从严、治吏从严、作风从严、反腐从严，管党治党实现从宽松软到严紧硬的深刻转变，消除了党和国家内部存在的严重隐患，党内政治生活气象更新，积极健康的党内政治文化得到弘扬，党内政治生态明显好转，党的创造力、凝聚力、战斗力和领导力、号召力显著增强，党的团结统一更加巩固，党群关系明显改善，党在革命性锻造中更加坚强，焕发出新的强大生机活力。

实践没有止境，理论创新也没有止境。提出习近平新时代中国特色社会主义思想，并不是说党的理论创新和实践创新达到了一个终点，而是说我们推进马克思主义中国化达到了一个新的起点。当今世界正在发生广泛而深刻的变化，当代中国正在发生广泛而深刻的变革，其中蕴含着理论创新的巨大动力、潜力和活力。我们要始终保持与时俱进的马克思主义理论品格，不断推进理论创新、实践创新、制度创新、文化创新以及其他各方面创新，不断开创马克思主义中国化新境界，使21世纪中国的马克思主义展现出更强大、更有说服力的真理力量。

腾讯视频

百度网盘

音频（上）

音频（下）

- -

第三章

马克思的朋友圈

　　在巴黎，马克思的朋友圈大咖云集，其中既有声名显赫的理论前辈，也有当时如日中天的工运领袖。随着马克思与工人运动越走越近，他在思想上却把一些老朋友甩得越来越远。在法兰西阳光的照耀下，唯物史观的萌芽开始扬花抽穗，马克思挥手作别青年黑格尔派，开始为建立一套新的理论体系而战斗。在这场战斗号角吹响的时候，恩格斯作为最亲密的战友，出现在马克思的生命中。这是两个注定要CP（超级能力组合）成功的朋友，一经合体，永不分离。恩格斯用尽了自己一生的时间和精力，为天才的马克思竖立了一座庄严宏伟的纪念碑，在这座纪念碑上，他无意中也把自己的名字不可磨灭地铭刻上去。

一、法兰西的阳光

1. 马克思的新朋友

初到巴黎的马克思，结识了很多新朋友。我们试着发挥想象力琢磨一下，如果马克思有微信，那他的朋友圈里会有些什么人呢？这些新朋友中又会有谁会出现在他的朋友圈里呢？恩格斯不用说肯定得有，还有卢格、鲍威尔、威廉·沃尔弗、魏德迈等等，总之一定是大咖云集。

卢格可以说是马克思朋友圈里很重要的一个。卢格是欣赏马克思的。马克思只要一发朋友圈，卢格肯定是第一个点赞的，看得激动的时候还会转发几篇。

先说一说卢格这个人。他和马

克思都出自同一个门派——青年黑格尔派。而且他们的经历都非常相似，都有着进步的思想，都曾被驱逐过。

其实马克思最早是想成为一个学者，所以他写了大量的论文，到处投稿。其中有一篇就投到了卢格那儿。卢格一看这人有点意思，当即就把马克思加到了自己的朋友圈里，开始密切地关注马克思。但是那时两人还没有开始合作。前文我们说过，马克思迫于政治压力退出了《莱茵报》编辑部。正在他找工作的时候，卢格给他抛来了橄榄枝，"来吧，跟哥走有肉吃！"就是在卢格的帮助下，马克思1843年婚后不久来到巴黎，成为即将出版的《德法年鉴》的主编，有了稳定的收入。

然而，普鲁士的警察从《德法年鉴》中嗅出了社会主义的味道，马上如临大敌，向马克思和卢格下发了逮捕令。就是在这个生死攸关的时刻，

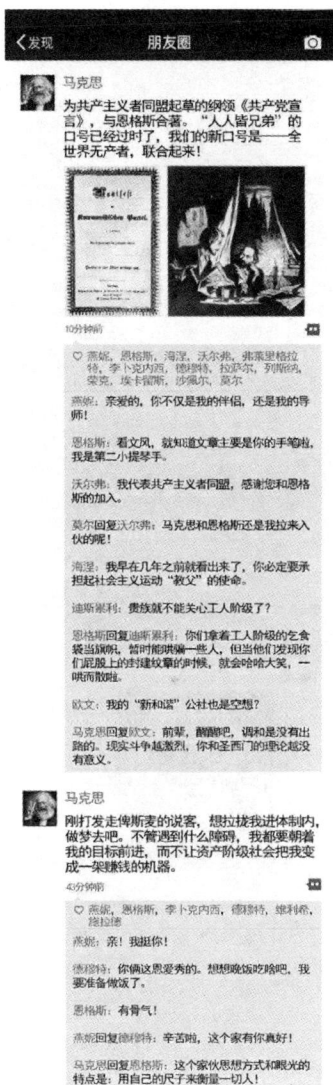

马克思重要的合伙人卢格被吓瘫了，直接把马克思拉黑踢出了朋友圈，最后送给马克思一大堆没有卖出去的《德法年鉴》，就算是支付了稿费。

马克思稿费虽然没挣到，但是思想却越来越成熟，好友和点赞也越来越多。在这些朋友里，马克思和伟大诗人海涅成了星标好友。在那段时间里海涅天天去马克思家串门。虽然马克思比海涅小二十多岁，但是他们聊起来特别投机，一点儿代沟都没有。这对忘年交天天头脑风暴。因为他们身上有太多相似的地方，文化、语言、世界观，还有对诗歌的喜好等，所以这段时间也成了海涅最高产的时期。在德国文学史上有一部不朽的著作叫作《德国：一个冬天的童话》，就是海涅在马克思家写成的。有一次海涅兴奋地说，只有马克思才能吹响各路社会主义大军的集结号，并承担起社会主义思想教父的使命。仅仅几年之后，马克思和恩格斯就用《共产党宣言》这样一部天才著作，证明海涅当时并没有看错人。

老马后来还加入了一个群聊，叫"正义者同盟"。这个群里的成员都是从德国流亡到法国的工人和手工业者。它是一个国际性的秘密革命组织，也是著名的共产主义者同盟的前身。马克思和这个秘密组织有着很深的渊源，我们知道，上面提到的《共产党宣

海涅

言》就是为共产主义者同盟起草的纲领性文件。所以，你看，圈子有多大，你就能玩多大，平台有多高，你就能蹦多高。

2. 马克思关注了两个"微信群"

巴黎的生活确实大大扩展了马克思的朋友圈，他也加入了很多群聊，但是在这个圈子里，真正引起马克思注意的就两个群，我们且叫它们"微信群"吧。

第一个群叫"法国复辟时期的历史学家群"，这些历史学家最先使用阶级分析方法研究法国大革命。他们把法国11

世纪出现的市民阶层，认作是资产阶级的祖先，并把 11 世纪以来的法国历史描述为一连串的阶级斗争的历史。也正是从这些历史学家身上，马克思学会了阶级分析的历史研究方法。现在总有人一提到阶级分析和阶级斗争，就想到马克思。其实，马克思并非是阶级斗争学说的发明者，他自己也从来没想过要把这种学说据为己有。

第二个群叫"法国社会主义者群"，在这个群里的是巴黎各式各样的社会主义流派。马克思通过对各种社会主义思潮和工人运动的研究，对无产阶级不仅有了更加清醒的理论认识，也有了更加温暖的情感认同。如果说在《莱茵报》时期，马克思还只是对穷苦人抱着朴素的同情，那他在巴黎所

19 世纪 40 年代的巴黎

接触的工人团体，以及他所做的大量工人调研，就让他在理论和实践上都相信这个阶级有着远大的前途，并在此后一生都在注视着这个阶级的成长。

1844 年，德国西里西亚工人的起义，更是让马克思看到了希望。他认为，这场工人起义并不是一场简单的骚乱，而是包含着深刻的政治意义在里面。马克思赞扬这场工人起义中包含的创新精神。德国西里西亚的工人，虽然还不成熟，但是他们在起义一开始就做到了英国和法国工人在起义结束之后才想到要做的事情。当英国和法国的工人把怒火发泄到冰冷的工厂机器上的时候，德国工人已经意识到，造成他们苦难的根源并不是机器，而是被工厂主紧紧握在手里的卖身契和工厂账本，于是他们烧毁了这些文件。马克思当然不会认为，烧毁这些文件，就能摧毁资本主义，他的任务就在于告诉各国无产阶级，只有摧毁这些文件背后的生产资料私有制，才能最终消灭资本主义。到那个时候，卖身契和工厂账本，不用烧，自己就灰飞烟灭了。随着马克思和工人运动越走越近，他在思想上必然会把之前的一些朋友甩得越来越远。因为在西里西亚工人起义问题上截然对立的意见，马克思与卢格这个他曾经的亲密朋友，彻底决裂了。

二、"前进！达瓦里希"

1. 一次冷终生热

"达瓦里希"是一句俄语，简单地解释就是"同志"。有的人会把这样的志同道合理解成一种天天胡吃海喝的江湖兄弟，但是它真正的含义是也许并不常联系但会因共同的信念彼此常挂心中，困难时相互扶持的关系。就像我们总说的"英雄惜英雄"。在马克思一路打怪升级的过程中，朋友圈里除了有燕妮的陪伴之外，还有一个含金量最高、忠诚度最高的置顶好友——恩格斯。但是这老哥儿俩当时还真不是一见如故，他俩的关系可以简单地概括为一次冷终生热。

在讲这哥儿俩的故事之前，咱们先比较一下这两人。在当时马克思就是一个连养家都困难的穷人。可是恩格斯却是一个典型的富二代。恩格斯比马克思小两岁，1820 年出生于普鲁士王国莱茵省巴门市，是当地一个富有工业者大家庭的长子。他的曾祖父建了一个经营花边的工厂，那买卖做得相当成规模，工厂的繁荣使得这个家庭拿到了象征自己地位的

盾形徽章。他老爹更是组建了一
个大规模的纺纱厂，自己就是工
厂主。在恩格斯中学的时候，他
的父亲就让他辍学开始学习经商
了。也就是说，恩格斯的资本家
老爹早把宝贝儿子的未来规划好
了，但是恩格斯并没有在这条路
上按部就班地走，而是渐行渐
远，有更高的精神追求。

青年恩格斯

　　恩格斯在柏林当兵的时候
加入了一个叫"自由人"的团体，也就是那个时候他开始为
《莱茵报》撰稿。咱们都知道马克思是《莱茵报》的主编。那
么这哥儿俩就是在那个时候建立起了深厚的革命友谊吗？还
真不是。1842 年深秋，恩格斯告别家人，要去英国曼彻斯特
的"欧门—恩格斯纺织厂"当总经理。在途中，他正好经过
莱茵地区，于是专程拜访了《莱茵报》的主编马克思。但是
老马并不怎么待见恩格斯，很多文章里写道"冷淡地会见了
恩格斯"。难道马克思脸薄见不得生人？还是他在给恩格斯
摆主编架子？或者是他压根就瞧不上这资本家的儿子？其实
都不是。那为什么这哥儿俩第一次见面就不来电呢？有句话
叫作"道不同不相为谋"。马克思把恩格斯当作是那个"自
由人"——老马特不待见的组织团体——的成员。既然思想

和精神上不合拍，那可不就是不欢而散。其实人家恩格斯是刚刚和那个团体断绝了关系。你看看这有点造物弄人的意思，跟拍电视剧似的。

说完了马克思和恩格斯这哥儿俩冷淡相待的第一次见面之后，咱们再讲讲他俩后来又是咋热乎起来的。这个事情是要从一个著名的咖啡店说起。1686 年巴黎第一家咖啡馆——普洛可甫咖啡馆开张大吉。一时间，诗人、艺术家、哲学家、商人，还有学生都涌向了这里。到了 18 世纪，欧洲启蒙运动思想家伏尔泰、卢梭以及大作家雨果、巴尔扎克等人都是这家咖啡馆的座上宾。拿破仑也来这儿消费过，有一次还因喝咖啡欠账留下了自己的军帽。多年来这家咖啡馆和众多名人的渊源给它涂上了浓郁的传奇色彩。这不，就在 1844 年马克思和恩格斯也相约来到了这家著名的咖啡店。他俩第二次的

普洛可甫咖啡馆

会面明显在环境和气氛上缓和了不少。因为在过去两年的时间里，恩格斯写的一些文章逐渐地改变了马克思对他的看法。他俩如果还是彼此瞧不上的话，哪里还能坐在一起喝咖啡。而且这两人在那个时候的思想已经高度一致，可以说相见恨晚。这一聊就聊了十天之久。这次见面也预示着这人类历史上最著名的马恩CP（超级能力组合）成功合体。

马克思和恩格斯能够成功合体，其间既有偶然性，也有必然性。必然性就在于当时两个没啥交往的年轻人，经过各自的社会观察和科学研究，在无产阶级革命问题上得出了非常近似的结论。马克思和恩格斯都出身于青年黑格尔派，如果说马克思通过研究法国大革命理解了无产阶级的历史意义的话，那恩格斯则通过研究英国工业革命得出了和马克思一样的结论。恩格斯的研究成果主要反映在他《英国工人阶级状况》这本书里。

为了写这本书，恩格斯放下富家公子的架子，跑到曼彻斯特的工业区，花了两年的时间和当地工人同吃同住同劳动，搜集了大量关于工人生存状况的一手材料，生动地描绘了英国工人遭受压迫和剥削的悲惨情形。如果大家以为恩格斯这本书只是一本报告文学，那就错了。这本书之所以成为经典名著，还在于以下两点：第一，它揭示了英国工人受苦受难的根源正是当时英国人颇以为自豪的资本主义制度；第二，它预言了英国工人阶级早晚有一天会在沉默中爆发，到时候将成为改造资本主义制度的历史力量。

在书的结尾，恩格斯做出了和马克思同样的结论。马克思说，推翻资本主义的历史条件是哲学要把无产阶级当作自己的物质武器，同时，无产阶级把哲学当作自己的精神武器。而恩格斯说，工人运动只有和社会主义相结合，才有出路；社会主义只有成为工人运动的目标，才能赢得胜利。马克思和恩格斯，这两个还没有深交的年轻人，在同样的年纪，在不同的书里，思想上竟然如此同步，甚至连遣词造句都到了不谋而合的程度。

马克思和恩格斯在第二次相遇的时候，一拍即合，互相引为知己。在一起相处的十多天里，他们决定共同写一本书来清算自己之前的青年黑格尔派思想，捍卫他们已经共同承认的唯物主义和共产主义观点。这就有了他们合写的第一部著作——《神圣家族》。

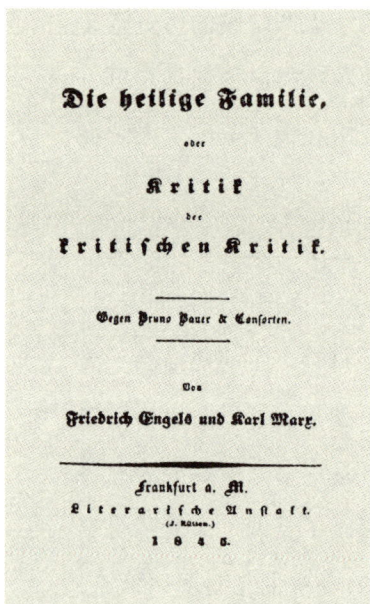

《神圣家族》

我们先来看这本书的副标题——"对批判的批判所做的批判"。读起来很拗口，什么意思呢？在当时的德国哲学界，"批判"是个很时髦的词，哲学家们都认为"批判"能够推动社会进步，都以自己能"批判"为荣。青年黑格尔派更进一步，要对其他哲学家的批判进行再批判。这时的青年黑格尔派已经陷入唯心思辨的泥潭，越来越脱离现实的政治斗争，躲进哲学领域，宣扬"批判的批判"的奇怪思路。而且，他们莫名其妙地认为只有他们这些"批判的个人"才是改变世界的力量。马克思和恩格斯为了讽刺这些人的狂妄，就把这些自以为高高在上、俯视人间的青年黑格尔派戏称为"神圣家族"，而且有样学样，把自己批判他们的书的副标题取名为"对批判的批判所做的批判"。

在这本书里，马克思和恩格斯各自锁定几个论敌，用他们逐渐成熟的唯物主义观点，向青年黑格尔派发起了猛烈的扫射。在马克思和恩格斯看来，真正决定历史发展的，并不是黑格尔所谓的"绝对观念"，更不是鲍威尔等人玩弄的"自我意识"，而是那个时代的物质生产方式。而且，即便鲍威尔等人在头脑里虚构出来的那些抽象概念，也不过是生产关系和现实利益在哲学这面镜子上照出来的影子。按照中国古人的比喻，思想是毛，利益是皮，皮之不存，毛将焉附？思想总是附属于、服务于自己所依赖的利益的。就像马克思说的，思想一旦离开利益，一定会让自己出丑。

在理论上论证了历史发展的社会物质基础之后，马克思和恩格斯指出，作为一个已经被锁链彻底束缚的阶级，无产阶级已经被摧残到丧失了一切合乎人性的东西，所以，他们必须而且能够起来推翻不合理的物质生产方式，完成自己的解放。

这本书批判了青年黑格尔派极端的唯心主义观点，提出了一些唯物史观和辩证法的基本原理。马克思和恩格斯这两个小伙子，将携手在人类哲学史上掀开新的一页。两个人在理论上 CP（超级能力组合）成功，在生活上那也是步调一致，互相成就。

2. 情义无双的恩格斯

在马克思的眼里，什么加官晋爵、金钱诱惑，那全都是浮云。因为不被当局接受，老马携带着他的共产主义理想到处流亡。而恩格斯则把马克思的生活困难看作自己的困难，自己省吃俭用，把节省下来的钱都给了马克思。有一年，老马家实在是揭不开锅了，他琢磨着让两个闺女找个地方打工去。恩格斯知道后，当时就炸了，说你老马这是要干嘛呀？没钱就说，有啥过不去的事啊！马上就把钱给他寄过来了。

要说这恩格斯是真讲究，马克思也不含糊。遇到恩格斯落难的时候，马克思同样拔刀相助。这不，有一次恩格斯逃亡到瑞士，一着急，连吃饭钱都没带，兜里就剩点毛票。马克思知道这事儿的时候正生着病，但他一点儿没耽误就把家

马克思与恩格斯

里所有的钱全部寄给了恩格斯。

马克思和恩格斯不仅仅在生活上互相关心，互相帮助，更重要的是他们在事业上也是黄金搭档。

在伦敦的时候，每天下午恩格斯都去马克思家。他们讨论各种政治事件和科学问题，一连谈上好几个小时，各抒己见，滔滔不绝，有时候还进行激烈的争论。虽然说后来马恩CP（超级能力组合）分开过一段时间，但是距离根本阻止不了他们的交流。他们时时刻刻设法帮助对方，为对方在事业上的成就感到骄傲。马克思答应给一家英文报纸写通讯稿时，还没有精通英文，恩格斯就帮他翻译。恩格斯从事著述的时候，马克思也往往放下自己的工作，帮助他编写其中的某些部分。

1883年，马克思逝世。这使恩格斯悲痛万分。朋友们劝他去旅行，散散心。但他想到马克思生前用毕生精力写作的

《资本论》还没完成，就谢绝了朋友们的劝说，着手整理和出版《资本论》的最后两卷。

他夜以继日地抄写、整理、补充、编排，几次累得生病。他花了整整十一年时间，才完成了这部伟大的著作。为了帮马克思整理未完成的《资本论》，他放下了自己手头的《自然辩证法》，最后导致他这部著作没有完成，留给后世的还只是一部草稿。

十一年是一个什么概念？从成就上讲，比如淘宝，2003年诞生时的年销售额是 3400 万。时隔十一年，2014 年淘宝的销售额达到了 11700 亿。从长度上讲，这十一年可能就是一个小动物一生的时间。但是这十一年对恩格斯而言，他大部分时间只做了一件事，只为自己的兄弟。恩格斯说："**我喜欢这种劳动，因为我又和我的老朋友在一起了……**"

马克思和恩格斯合作了四十年，共同创造了伟大的马克思主义。在四十年里，在向着共同目标的奋斗中，他们建立了伟大的友谊。列宁对马克思和恩格斯的关系有个评价："**（恩格斯）替他天才的朋友竖立了一座庄严宏伟的纪念碑。在这座纪念碑上，他无意中也把自己的名字不可磨灭地铭刻在上面了。**"

3. 挚友情，万年长

如果说马克思是张扬洒脱的文科男，那恩格斯就是严谨收敛的理工男。

马克思行文：文思如泉涌，肆意汪洋，洋洋洒洒，诗词典故信手拈来。

恩格斯行文：干净严谨，逻辑清晰，一是一二是二，丁是丁卯是卯，一板一眼，无可挑剔。

马克思的文章犹如热气沸腾的重庆火锅，丰盛可口，辛辣扑鼻。

恩格斯的文章则犹如温吞精致的阳春面，简约舒服，沁人心脾。

看《红楼梦》看到八十回后，一个个人物都语言无味，面目可憎起来。马、恩两人的才情差距虽不及曹雪芹、高鹗差距之大，但二者文章读多了，还是能够依着味道嗅出差距。所以，当有一天，我读恩格斯的《反杜林论》第二编第十章《批判史》时，突然心生诧异："咦，恩格斯的文风怎么变了？"回到序言一看，原来这章是马克思忍不住手痒，提笔捉刀了。

燕妮和马克思经常捉襟见肘，入不敷出。可以说，马克思一辈子研究 money（钱），缺的却恰恰是 money（钱）。恩格斯为了不让马克思为生活琐碎所羁绊，无奈之下，不惜身沾铜臭，重新当起了资本家，挣钱养活马克思一家。于是乎，在马、恩两人的鸿雁传信中，马克思经常严重感激恩格斯的牺牲，恩格斯又严重表示自己的惭愧，不能赚更多的钱使马克思没有后顾之忧。马克思和恩格斯合写了不少文章，可恩格斯总把自己放在一个很低的位置，自谦为"第二小提琴手"，从来不抢马克思任何风头。中国古代描写君子之交有：管鲍之交、杵臼之交、金兰之契、谊切苔岑，马克思无疑是管仲，而恩格斯是鲍叔牙。

若是德国也有个太史公，《马恩列传》想必会这么写：

> 马克思者，德意志人也。少常与恩格斯游，恩格斯仰其才。马克思常贫困，恩终济之，不以为言。
>
> 马克思曰："吾一生贫困，恩未嫌厌，知我无心名利也。恩敏而好学博闻强识，然，为吾而贾，吾心戚戚然。吾尝与恩撰文著作，恩甘名位吾后，淡然以二琴手自居，吾心常愧也。生我者父母，知我者恩格斯也。"

恩格斯的一生是潜伏的一生，一辈子潜伏在资本家的阵营里。恩格斯虽说出生在资本家家庭，后为接济马克思又干起了资本家的营生，但他却早已背叛了自己的阶级，他此生最大的愿望就是：搞垮资本家！恩格斯的那些生意伙伴打死都想不到，这位头脑灵活、生意成功的大胡子，竟然是赫赫有名的全世界工人阶级领袖！

恩格斯对马克思这个朋友相当仗义。马克思要是感激恩格斯，一定会说："惟将终夜长开眼，报答平生未展眉。"恩格斯在马克思活着时，从金钱到精神全方位支持马克思。在马克思去世后，恩格斯又停止自己手头上的绝大部分工作，去编排马克思的《资本论》第二、三卷。

1895 年 8 月 5 日，恩格斯溘然长逝。他用自己的一生完美演绎了什么是："不自见故明，不自是故彰，不自伐故有功，不自矜故长。夫唯不争，故天下莫能与之争！"

他去世很久很久以后，在中国，有位笔名"哲不解"的女弟子，叹其德才，填一阙《江城子》，以示倾慕：

高山流水诉流觞。基友情，万年长。资本出场，挽手著文章。纵使后世人多谤，胸坦荡，真理扬。

一生襟抱藏他后。无艾伤，为卿狂。沧海巫山，除却又何妨？满腹疏狂话沧桑，一瓢酒，泪千行。

培根有个名篇《论友谊》，里面写道：友谊的第一种效用是能颐养和支配感情，友谊的第二种效用是能颐养和支配

恩格斯

理智。因为友谊不但能使人走出狂风暴雨式的感情世界而步入风和日丽的春天，而且还能使人摆脱胡思乱想而进入理性的思考。日常生活中，人人都需要朋友，朋友有好多种：泛泛之交、酒肉之交、一面之交、忘年之交、莫逆之交等，还有净友、挚友、网友、驴友、损友、学友等等。人类伟大的友谊，总是发生在两个优秀的独立人格之间，也总是出现在两个志同道合者身上。以马、恩二人为例，动人友谊的根基在于：共同的事业与共同的志向。他俩是为共产主义事业而奋斗的亲密战友，是在生活上互相帮助的异姓兄弟。他们以解放无产阶级、消灭剥削制度为己任，并为此相互扶持，奋斗终生。列宁曾说过，马、恩两人的友谊超过人类历史上关于友谊的一切传说！从马克思和恩格斯身上，你会知道，世上有一种伟大的友谊叫"达瓦里希"！

腾讯视频

百度网盘

音频

第四章

破土啦！天才世界观

　　1845 年，马克思走上了真正的流亡之路，第一站是布鲁塞尔。在那里，马克思暂时享受了三年相对平静的生活，他用理论真气打通了自己的任督二脉，逐步完成思想上的华丽转身，天才世界观的萌芽开始破土。从"异化劳动"到"拜物教"，从"类本质"到"生产力"，从"自然人"到"社会人"，马克思用一系列大胆翻新的概念，来扬弃旧思想；用送出的新作，来构建新体系，为唯物史观的大厦打下了牢固的根基。马克思在他最为短小精悍的文章中，写下这样一个结论——"哲学家们只是用不同的方式解释世界，问题在于改变世界"。

一、流亡生活中的绿洲

提到马克思，很多人第一印象是这个人是个流亡革命家，一辈子都在颠沛流离。没错，情况大致如此。但是他从 1845 年刚开始走上流亡之路的时候，曾经有三年的时间是没那么辛苦的，家庭、思想、事业、社会人脉关系也都稳步上升。这个时期，就是马克思在布鲁塞尔的这三年。

首先，不是那么缺钱，马克思来布鲁塞尔的时候，腰包里是有大把钞票的。这笔钱的来源主要包括，马克思家在巴黎卖掉的家具、他和恩格斯《神圣家族》一书的版税、马克思的朋友们为他募集到的大概 1000 法郎，还有恩格斯把自己《英国工人阶级状况》一书的版税也送给了马克思。这么说也许还是不够直观，咱们就拿这 1000 法郎做参照。雨果的《悲惨世界》大家都知道，反映的是 19 世纪三四十年代法国的情况，和马克思生活的时代差不多。在这部小说里，德纳第老板家出租的房屋，条件比较好、带壁炉的，大约一个月的租金是 30 法郎。这么一说咱就明白为啥说老马这个时段手头宽裕了。

其次，在这个时间老马的家庭生活也比较稳定。家里的三个孩子相继出生。两个女儿一个儿子，分别是小燕妮、劳拉和埃德加尔。再加上燕妮从娘家带过来的保姆，一家六口人生活还算过得去。但是老马可不是那种满足于小确幸、安于现状的人。他时时关注着社会环境的变化，依然坚持着自己的学术研究。

但是要在三个孩子喧闹的环境下，坚持学术研究是一件非常不容易的事情。当时家里经常出现这样既辛酸又浪漫的场景，马克思在书桌前奋笔疾书，几个孩子在他身后摆上一排凳子，然后把绳子套在马克思的脖子上，把他当作一匹拉车的老马。

最后，这个阶段是马克思思想最活跃的时期，也是马克思理论成果集中爆发的一个阶段。大家所熟知的马克思的著作，很多都是在布鲁塞尔这三年写出来的。像《德意志意识形态》《关于费尔巴哈的提纲》《哲学的贫困》，大家都熟知的《共产党宣言》其实也是诞生在这个时期。马克思就像一个武林高手，他的理论体系在这个时候已经运转自如了，先来一个小周天，再来一个大周天，最后用真气冲破了任督二脉。之前积压已久的能量终于迎来了一个爆点，天才世界观的萌芽破土了。在这个时期，马克思提出了一个叫"异化劳动"的理论。那么问题来了，"异化劳动"到底是个什么鬼？

1."异化劳动"是个什么鬼？

前几天，儿子从幼儿园放学回家，拿着一个用橡皮泥捏的娃娃很自豪地说："爸爸，你看，这是我捏的泥娃娃。"语气中充满一个小男孩对自己劳动产品的自豪和骄傲。

但是在资本主义工业体系里，工人对自己的劳动产品就没有自豪感。他们对劳动产品是非常厌恶的，他们是没有爱的，有的只是恨，恨自己生产的产品，恨自己的机器，恨自己的工厂，并不是一般的恨，是极端恨。劳动为什么会变成这样呢？这就是"异化劳动"，也就是说劳动被"异化"了。在《1844年经济学哲学手稿》当中，马克思曾这样描述异化劳动：

> 劳动为富人生产了奇迹般的东西，但是为工人生产了赤贫。劳动生产了宫殿，但是给工人生产了棚舍。劳动生产了美，但是使工人变成畸形。劳动用机器代替了手工劳动，但是使一部分工人回到野蛮的劳动，并使另一部分工人变成机器。劳动生产了智慧，但是给工人生产了愚钝和痴呆。

马克思的语言是多么的优美，又是多么的犀利。奇迹般的东西与赤贫、宫殿与棚舍、美与畸形、智慧与愚钝痴呆，形成非常强烈的对比。工人付出的劳动越多，失去的反而越多，反而越痴呆，反而越野蛮，反而越畸形。通俗地说，异化劳动使人不是人了。

其实，在马克思看来，自由自觉的劳动，是人的本质。但"异化劳动"却使人偏离了自己的本质，通俗地说，人开始变得不是人了。

这个时候，问题就来了，既然"异化劳动"这么可恶，那它到底是怎么产生的呢？

实际上，生产力的发展和分工的产生，既是私有制的根源，又是异化劳动的根源，生产资料私有制加剧了异化劳动。因为工厂、机器等生产资料都属于资本家，这使得工人通过生产资料生产出来的劳动产品，大部分被资本家拿走了，工人自己反而得不到。工人生产得越多，失去得就越多。工人的劳动付出和劳动所得之间存在巨大的落差，劳动也就变态和"异化"了。

2. 现实生活中的拜物教

真正掌握了马克思主义的方法论，它会帮你分析社会，认清现实。例如，消费主义时代的异化。什么是消费主义？消费主义就是把有限的生理需求变成无限的心理或者是感官的欲求。通俗地说，大多数"四零后""五零后"崇尚的生活目标可能是"好好过日子"，但是现在一些"九零后""零零后"的生活目标则是"过好好日子"。"好好过日子"和"过好好日子"有什么区别呢？我们可以拿包包来举例，"好好过日子"的理念就是有个包，能装东西，够结实就行。但是"过好好日子"的理念可不是这么理解，有一个包不行，得有一个皮包，有一个皮包还不行，还得国内的知名品牌，国内的知名品牌还不行，还得是国际品牌，国际的二线品牌不行，还得是国际一线大品牌。欲望就这么蔓延下去。很多年轻人可能都会有这样一种心理体验：通宵达旦的狂欢之后，心里极度空虚，正如叔本华所言，人在欲望得不到满足的时候是痛苦的，在欲望得到满足之后就是空虚的，人生就是在痛苦和空虚的钟摆上来回摇摆。可见，崇尚消费主义的人生注定了就是悲观人生。马克思告诉你，这就是消费主义时代下的"异化"，事物变成了外在的异己力量。人类创造了本为装东西的包，却最终沦为包的奴隶。这里需要特别说明的是，我们反对的是消费主义，即超出自身购买能力的、极端的、过度的消费，而不是反对正常的、有能力的消费。例如现在有极个别人为了买苹果手机去卖肾，这就是被苹果手机所奴役，是消费主义时代真正的异化。而有些人通过劳动获得了足够多的收入，为了更方便、更快捷，买了个苹果手机，这种在能力范围内为了追求更好生活的消费就是正常的物质消费。因此我们反对异化是对物质的超出能力的、过度的、无限的追求，而不是对物质的有能力的、正常的追求。

在今天这样一个消费主义、拜金主义蔓延的时代，我们有些人沦为虔诚的"教徒"，什么教呢？拜物教！就是老马提到的商品拜物教、货币拜物教、资本拜物教。大多数人都沦为商品和金钱的奴隶，沦为消费主义的囚徒。我们批判消费主义不是鼓吹禁欲主义，不是支持苦行僧一般的生活，而是在满足正常生活需要的基础上，反对无节制的需求。就像一个包不行，非要买十个爱马仕，这是典型的人被物束缚，成为物的奴隶。

莎士比亚在《雅典的泰门》中讲："金子！黄黄的，发光的，宝贵的金子！只这一点点儿，就可以使黑的变成白的，丑的变成美的，错的变成对的，卑贱变成尊贵，老人变成少年，懦夫变成勇士。吓！你们这些天神们啊，为什么要给我这东西呢？嘿，这东西会把你们的祭司和仆人从你们的身旁拉走；把健汉头颅底下的枕垫抽去；这黄色的奴隶可以使异教联盟，同宗分裂；它可以使受诅咒的人得福，使害着灰白色的癞病的人为众人所敬爱；它可以使窃贼得到高爵显位，和元老们分庭抗礼；它可以使鸡皮黄脸的寡妇重做新娘……来，该死的土块，你这人尽可夫的娼妇……"这就是典型的拜物教的表现。

拜物教本来指人们面对闪电、雷鸣等一些自然现象，无法解释无能为力，于是认定这些是超自然的神秘力量，甘愿拜倒，甘愿受其支配，所以被称为拜物教。今天的拜物教，很讽刺，因为我们所膜拜不已的早已不是什么神秘的力量，恰恰是我们自己创造生产出来的商品，很荒诞，很滑稽。

拜物教的第一个表现就是商品拜物教，马克思说"**例如，用木来做桌子，木头的形态就改变了，可是桌子还是木头，还是一个普通的可以感觉的物。但是桌子一旦作为商品出现，就转化为一个可感觉又超感觉的物。它不仅用它的脚站在地上，而且在对其他一切商品的关系上用头倒立着，从它的木脑袋里生出比它自动跳舞还奇怪得多的狂想**"，因为生产资料私有制，人与人之间的经济关系直接表现为物与物之间的关系，商品具有了神秘属性，可以去支配商品生产者。

拜物教的第二个表现是货币拜物教，"**因此，货币拜物教的谜，就是商品拜物教的谜，只不过变得明显了，耀眼了**"。货币产生之后，对于商品生产者而言，关键问题直接表现为商品是否可以卖出去，实现价值，换成货币。商品生产出来需要进入流通，否则不会自动完成价值实现。随着货币的出现导致买卖一分为二，商人的出现导致生产、消费一分为二，生产者与消费者的分离很有可能导致商品没卖出去，出现价值丧失。在简单流通领域，商品价值无法实现都是可能出现的，因为一个商品生产者生产出来的商品很有可能没卖出去，没能获得货币，只不过这种价值丧失表现为偶然的。简单商品流通不等于资本流通，在资本流通中，这种偶然性开始表现为必然性，即商品卖不出去，出现过剩，价值丧失表现为必然性，这就是资本主义爆发经济危机的深刻根源。在这个意义上，产生了货币拜物教，每个人都期待有更多货币购买商品，生产者期待自己手中的商品转化成货币。"金银天然不是货币，但货币天然是金银"，金银的神秘性让大家匍匐在它脚下，有钱能使鬼推磨。

拜物教的第三个表现是资本拜物教。马克思讲道："**在论述资本主义生产方式甚至商品生产的最简单的范畴时，在论述商品和货币时，我们已经指出了一种神秘的性质。这种神，它把在生产中由财富的各种物质要素充当承担者的社会关系，变成这些物本身的属性（商品），并且更直截了当地把生产关系本身变成物（货币）。一切已经有商品生产和货币流通的社会形态，都有这种颠倒。但是，说到资本主义生产方式和资本（资本主义生产方式的统治的范畴，它的决定的生产关系），这个荒唐的颠倒的世界就会更厉害得多地发展起来。**"资本的增殖是资本主义生产的唯一目的。可以说，价值增殖就是资本主义生产的动机与目的。价值增殖反映了资本主义生产关系的本质——资本家对工人的剥削。

资本主义以前的生产方式并不追求全部的产品必须卖出，

商品生产并未成为主要的生产形式，产品卖出去与否并不对经济构成关键影响，而资本主义生产把商品生产推向了一个极致，商品不仅要卖出去，而且是全部商品需要卖出去。商品是否卖出去，实现价值增殖，构成了资本主义生产的关键部分。资本拜物教支配着世界，马克思在《共产党宣言》里批判道：

> 资产阶级在它已经取得了统治的地方……使人和人之间除了赤裸裸的利害关系，除了冷酷无情的"现金交易"，就再也没有任何别的联系了。它把宗教虔诚、骑士热忱、小市民伤感这些情感的神圣发作，淹没在利己主义打算的冰水之中。它把人的尊严变成了交换价值，用一种没有良心的贸易自由代替了无数特许的和自力挣得的自由。总而言之，它用公开的、无耻的、直接的、露骨的剥削代替了由宗教幻想和政治幻想掩盖着的剥削。

3. 努力实现以人民为中心的发展

拜物教式的发展是以物为中心的发展，而不是以人为中心的发展，更不是以人民为中心的发展。坚持以人民为中心的发展思想，这是马克思主义政治经济学的根本立场，也是社会主义发展必须坚持的基本原则。从新民主主义经济纲领，到探索社会主义建设道路过程中的独创性观点，再到改革开放以来的一系列重要理论成果，我们党根据不同时期的特点和历史任务，提出一系列关于发展经济、造福人民的理论成果，有力地推动了经济社会发展。在这一改天换地、创造奇迹的历史进程中，始终坚持以人民为中心的发展思想和根本立场，是我们党赢得人民拥护、立于不败之地的根基所在，更是团结带领亿万人民走向民族复兴的力量源泉。

马上学习

党的十八大闭幕时，习近平总书记在常委见面会上强调："我们的人民热爱生活，期盼有更好的教育、更稳定的工作、更满意的收入、更可靠的社会保障、更高水平的医疗卫生服务、更舒适的居住条件、更优美的环境，期盼着孩子们能成长得更好、工作得更好、生活得更好。人民对美好生活的向往，就是我们的奋斗目标。"

党的十八届五中全会坚持以人民为中心的发展思想，鲜明地提出了创新、协调、绿色、开放、共享的发展理念。新发展理念符合我国国情，顺应时代要求，在理论和实践上有新的突破，对破解发展难题、增强发展动力、厚植发展优势具有重大指导意义。

党的十八届五中全会首次提出以人民为中心的发展思想，反映了坚持人民主体地位的内在要求，彰显了人民至上的价值取向，确立了新发展理念必须始终坚持的基本原则。以人民为中心的发展思想，体现了我们党全心全意为人民服务的根本宗旨，体现了人民是推动发展的根本力量的唯物史观，体现了逐步实现共同富裕的目标要求。

习近平总书记强调："人民为中心的发展思想，不是一个抽象的、玄奥的概念，不能只停留在口头上、止步于思想环节，而要体现在经济社会发展各个环节。""要坚持把增进人民福祉、促进人的全面发展、朝着共同富裕方向稳步前进作为经济发展的出发点和落脚点，部署经济工作、制定经济政策、推动经济发展都要牢牢坚持这个根本立场。"

在党的十九大报告中，习近平总书记强调："坚持以人民为中心。人民是历史的创造者，是决定党和国家前途命运的根本力量。必须坚持人民主体地位，坚持立党为公、执政为民，践行全心全意为人民服务的根本宗旨，把党的群众路线贯彻到治国理政全部活动之中，把人民对美好生活的向往作为奋斗目标，依靠人民创造历史伟业。"

党的十九大将"坚持以人民为中心"纳入新时代中国特色社会主义的基本方略，大会报告全文三万多字，二百多次提到"人民"，三次强调"人的全面发展"，四次强调"以人民为中心"，对未来的战略擘画中，处处强调着人民的获得感。"必须始终把人民利益摆在至高无上的地位"的原则、"脱真贫、真脱贫"的要求、"让全体人民住有所居"的承诺、"打赢蓝天保卫战"的决心、"使人民获得感、幸福感、安全感更加充实、更有保障、更可持续"的目标，尊重人民的首创精神、彰显人民的主体地位、充分展现了发展为了人民的价值旨归。

以人民为中心的发展思想在经济发展中的集中体现，就是习近平总书记强调的"明确新时代我国社会主要矛盾是人民日益增长的美好生活需要和不平衡不充分的发展之间的矛盾，必须坚持以人民为中心的发展思想，不断促进人的全面发展、全体人民共同富裕""必须始终把人民利益摆在至高无上的地位，让改革发展成果更多更公平惠及全体人民，朝着实现全体人民共同富裕不断迈进"。

以人民为中心的发展思想在民主政治中的集中体现，就是习近平总书记强调的"发展社会主义民主政治就是要体现人民意志、保障人民权益、激发人民创造活力，用制度体系保证人民当家作主。""坚持依法治国、依法执政、依法行政共同推进，坚持法治国家、法治政府、法治社会一体建设"。

以人民为中心的发展思想在文化繁荣中的集中体现，就是习近平总书记强调的"必须坚持以人民为中心的创作导向，在深入生活、扎根人民中进行无愧于时代的文艺创造"。习近平总书记强调，始终要求坚持"以人民为中心"的创作导向，回答了文化工作"为了谁、依靠谁、我是谁"这个根本问题，明确了文化工作的出发点和落脚点。

以人民为中心的发展思想在社会建设中的集中体现，就是习近平总书记强调的"保证全体人民在共建共享发展中有更多获得感，不断促进人的全面发展、全体人民共同富裕。"

以人民为中心的发展思想在生态文明建设中的集中体现，就是习近平总书记强调的"树立和践行绿水青山就是金山银山的理念""建设美丽中国，为人民创造良好生产生活环境，为全球生态安全作出贡献"。

二、《关于费尔巴哈的提纲》：包含着新世界观的
   天才萌芽的第一个文件

1. 人的本质是社会关系的总和

马克思在哲学上有两位老师：一个是黑格尔，教会了马克思辩证法，另一个是费尔巴哈，马克思在他那儿学会了唯物论。马克思从黑格尔那里学到了辩证法，但黑格尔唯心的概念辩证法让马克思在现实中感觉困惑和无力。当马克思遇到费尔巴哈以后，费尔巴哈的唯物论让他眼前一亮，他找到了辩证法的现实根源。不过，费尔巴哈的唯物论是机械的，不是能动的，只看到了人的自然性，没有看到人的社会实践性。马克思的可贵之处就在于，他汲取了黑格尔的精华和费尔巴哈的精华，并将两

费尔巴哈

者结合在一起。具体来说，马克思对黑格尔的唯心主义辩证法和费尔巴哈的人本主义唯物主义进行了革命的改造，继承了唯物主义的"基本内核"，汲取了辩证法的"合理内核"，实现了两大有机统一：一是实现了唯物主义和辩证法的有机统一，形成了唯物辩证法；二是实现了自然观和历史观在人类社会实践基础上的有机统一，创立了唯物史观。

《关于费尔巴哈的提纲》是马克思批判费尔巴哈的提纲，写于1845年春天，一共列了11条。这篇文章短小精悍，译成中文全篇不过1300余字，但却提出了历史唯物主义的出发点，就像恩格斯说的，这篇文章"包含着新世界观的天才萌芽"，为他后来创作《德意志意识形态》奠定了基调和方向。

费尔巴哈进步的地方在于，他不再把"理性"、"精神"、"思维"看作决定历史的因素，而是认为决定人们历史行动的是人的类本质。什么是类本质？通俗地说，类本质也可以叫"人性"。费尔巴哈把人类共同的饮食、两性关系和思维特征，总结为人自开天辟地以来就有的"类本质"，即理性意志。但是，费尔巴哈的问题在于，他是把人仅仅看作肉体的自然人，他是从人和其他动物相区别的生理特征中去总结人性的，而且还衍生出一套"类本质"先异化然后再回归的哲学理论。

马克思在撰写《1844年经济学哲学手稿》的时候，还信奉费尔巴哈的类本质理论，但是短短几个月之后，当马克思认识到，历史发展是生产力和生产关系相互作用的结果的时候，"类本质"这种说法就显得很陈旧了。马克思大胆地提出，衡量历史的尺度是"生产力"，而不是"人性"，而且也从来不存在亘古不变的"人性"。"人的本质在其现实性上，是一切社会关系的总和。"马克思在这里说的"人"，绝不是"自然人"，而是活生生的、在历史中不断实践的"社会人"。

《关于费尔巴哈的提纲》的伟大意义就在于此，它把"社会人"看作历史唯物主义的出发点，为唯物史观的大厦打下了牢固的根基。

2. 历史决定人性，而非人性决定历史

要了解人性，先要明白什么是人。等在忒拜城外悬崖峭壁上狮身人面的斯芬克斯让行人猜他的谜语："哪一种动物早晨四条腿，中午两条腿，晚上三条腿走路？"猜不出来的人就会被他吃掉，无数人被吞掉后，斯芬克斯心中得意扬扬。直到有一天，年轻的俄狄浦斯猜中他的谜语，说这动物不就是人嘛。斯芬克斯羞愧万分，当场跳崖身亡。

人的历史之谜终于有了答案。从此以后，关于人的本质的争论闪亮登场：

ID 女娲：人是我用泥捏出来的。

ID 柏拉图：人是没有羽毛的两足动物。

ID 第欧根尼：楼上，我家冰箱里有只褪了毛的鸡，这就是人？

ID 亚里士多德：楼上的楼上是我的恩师。人，其实是理性的动物。

ID 培根：人是万事万物的中心，是世界之轴。

ID 叔本华：人的本质是欲望，咦，黑格尔人呢？我要和他吵架。

ID 卡西尔：人是符号的动物。

提到人的本质及人性，我想起了哲学史一道经久不衰的辩题：人性本善还是本恶？这场辩论赛参与人数众多，孟子、荀子、霍布斯、卢梭等哲学家都加入了这场旷日持久的辩论。这场辩论赛持续时间之长，到今天还有市场，依旧有人人性是本善还是本恶都傻傻地分不清楚。其实，人性本善还是本恶这一说法本身就不成立，因为这一说法忽视了人的历史性、阶级性、社会性，直接寻觅人的抽象的共同本质，故而被称为"抽象人性论"。这个世界没有抽象的人，人可以按照性别分为男人、女人，可以按照肤色分为白种人、黄种人、黑种人，等等，不同的分法有不同的人群，但是这世界不存在抽象的人，更不存在抽象的人的共同本质。

马克思讲："人的本质不是单个人所固有的抽象物，在其

现实性上，它是一切社会关系的总和。"

说白了，性本善、性本恶这样的抽象人性论根本站不住脚。老奶奶跌倒，有人扶，也有人视而不见，扶得多就是性本善？扶得不多就是性本恶？这样做，人性论那不成为统计学的问题了。脱离了人的社会关系和人的实践活动，妄图谈人性，永远很傻、很天真，这样得出的人性结论也总是抽象的，武断不走脑的。世界上没有超越社会、超越阶级、永恒、普遍的人性，鼓吹抽象人性论，要么天真无知，要么别有用心。

举一个例子，现在西方经济学界备受推崇的理论前提是"经济人假设"，什么意思？即人的本性是自私的，每一个人都是追求个人的私利，都是"理性经济人"，一切经济活动都以此为出发点，这是自由主义，也是新自由主义的基本前提。一些人正是把"人的本性是自私的"作为依据，提出公有制违反了人的本性，所以必须私有化，社会主义压根不符合人的本性，所以注定是没有前途的。"经济人假设"就成了反社会主义的有力工具。这种观点忽悠了不少人，有人看到日常生活中自私的思想和行为相当普遍，错误地认为"自私"的确是人的本性，人不为己，天诛地灭。

但是，我们稍稍分析一下"自私"就会发现，这不是人一开始就自然而然有的，不是历史的起点，而是历史的一种结果。在原始社会生产力发展低下的条件下，原始公社的生

产关系却是劳动成果平均分配的。到原始社会瓦解，私有制
出现之后，一部分人利用所掌握的生产资料，无偿地占有剩
余劳动产品，产生了剥削，在此基础上，才形成自私自利、
利己主义的思想。自私自利的普遍化是私有制长期统治的结
果，而不是人的不可改变的"本性"。随着私有制的消灭、
公有制的建立和发展，人们必然会逐步摆脱自私自利的束缚，
树立起与公有制相适应的大公无私的观念。

说白了，要谈论人性，请先明确由社会关系制约的价值
导向。在某一社会关系下雷锋是公认的英雄，而在另外的社
会关系下范跑跑就可能受到推崇。不同的时代、不同的社会
关系，人性有不同的呈现。因此，人性非本善也非本恶，人
性是在社会历史实践中形成的。随着历史不断向前发展，人
的本质也不断地走向历史的深处。但无论人性出现什么样的
变化，也是**历史决定人性，而非人性决定历史**。

3. 听了很多大道理，为什么没有过好这一生？

很多人说，听了很多大道理，还是没有过好这一生。这
是为啥？因为只想不做！因为只想思考世界，没想改变世界。
一句话，没有积极实践，没有把抽象道理转化为具体生活。

马克思关于"人性论"的论述就是这样一个天才世界观

的萌芽，另外还有一个萌芽叫"实践论"。这个萌芽集中体现为《关于费尔巴哈的提纲》中的一句话：**"哲学家们只是用不同的方式解释世界，问题在于改变世界。"**

我们很小就听过"小马过河"的故事。关于河的深浅，小马问不同体型的动物，腿长的说水浅，腿短的说水深，个子小的还说他的一个朋友就是在那个河里淹死了。小马着急了，到底应该怎么办？妈妈告诉它，自己不去试，怎么知道水是深还是浅呢？我们很多人难道不是故事里的小马？大道理到底有没有用，只能在实践当中去尝试。行万里路，读万卷书。理论指导实践，理论又源于实践。不但要去实践中检验大道理有没有用，还可以在实践当中总结出更多的大道理。经常有研究生问：什么样的论文才是好论文？其实，理论和实践完美结合的论文就是好论文。有的论文从一个案例到另外一个案例，这是地对地，不是好论文。有的论文从一个理论到另外一个理论，这是空对空，也不是好论文。真正的好论文是空对地，地对空，从理论到实践，然后再去发现实践当中存在的问题，最后再去修正自己的理论。

人的本质是社会关系的总和，因此人的命运更多地取决于

情商，而不是智商。所谓情商就是人与社会打交道的能力。学理论培养的是智商，情商只有在实践中才能得到提高。一说情商，有人就觉得是趋炎附势、投机取巧、腹黑、厚黑等。其实，情商绝不是这样。高情商有四个要素，一是要有自知之明。二是要有自控力，学会控制自己。三是要有同理心，也就是换位思考，这是最重要的，也是最关键的。四是要有适度的交往热情。离开了实践，提高情商就是一句空话。

在批判费尔巴哈的提纲中，马克思集中提出了"实践"的观点，并确立了这个概念在唯物史观中的核心地位。

在马克思以前，也有哲学家讨论过"实践"概念。像黑格尔，他说实践是"精神"发挥作用的方式，也就是说，实践的主体是某种神秘的"精神"，我们这个世界以及我们人类自身反倒成了被实践的对象。马克思反其道而行之，说精神和思维并不能在人自身之外独立存在，它一定是依附于人的，所以，实践的主体是人，是现实的、历史的人。

那实践的客体是什么呢？马克思说，客体就是存在于人之外、人的活动指向的外部世界。人对外部世界进行的实践活动，既展示了人多么有能力，也揭示了外部世界的社会属性。比如，人们在河流上筑起大坝用来发电，这既显示了人们的能力，也揭示了河流可以被用来发电的社会属性。人类就是在无数个实践活动中，改造外部主客观世界，推动社会历史发展。

至于人头脑中的"精神"、"思维"、"理念"到底正不正确，是不是真理，在马克思看来，这不是一个理论问题，而是一个实践问题，只有在实践中，才能确定思维的真理性。所以，马克思在这部提纲的最后写了这样一句震撼人心的话——**"哲学家们只是用不同的方式解释世界，问题在于改变世界。"**

4. 梁家河往事

马上学习

习近平总书记曾说，年轻干部多"墩墩苗"没什么坏处，把基础搞扎实了，后面的路才能走得更稳更远。

总书记的这种说法非常接地气，我们看到习近平曾在梁家河与百姓同吃同住同劳动七年，他曾多次表明这七年实践令他受益终身。习近平说当年插队他们要过五关：跳蚤关、饮食关、生活关、劳动关、思想关。当时被跳蚤整得痛不欲生，"我皮肤过敏，跳蚤一咬就起水泡，水泡破了就是脓包，全身长疮"，为了治住跳蚤，只得把六六粉撒到床单上睡觉，硬扛了三年，没事了。有一年弟弟习远平去梁家河看他，习近平还特意叮嘱弟弟不要告诉母亲。

其实，刚到梁家河的习近平可不是这样。习近平还在浙江工作的时候有一段采访视频，非常有趣。他回忆了刚到梁家河的情况。他其实是两上梁家河。第一次去还不适应，不能吃苦。他自嘲地说，有一件事让当地的老百姓都记住他了。他在绿军包里放了一块面包，一闻馊了，就往地上一扔喂了狗。当地老百姓没见过面包，就问他是什么？习近平说这是面包。所以后来就传开了，说大城市来了一个小后生，拿面包喂狗，拿粮食喂狗。这一次，他吃不了苦，就回城了。再回梁家河的习近平彻底扑下身子，扎下根好好干。

七年上山下乡生活的影响至深，习近平在自述文章《我的上山下乡经历》中，称最大的收获有两点：

"一是让我懂得了什么叫实际，什么叫实事求是，什么叫群众。这是我获益终身的东西。二是培养了我的自信心。"习近平说："基层的艰苦生活，能够磨炼一个人的意志。而后无论遇到什么困难，只要想起在那艰难困苦的条件下还能干事，就有一股遇到任何事情都勇于挑战的勇气，什么事情都不信邪，都能处变不惊，克难而进。"可见，我们要想真正成长，还必须要到实践当中去，到基层当中去，到人民群众的大熔炉当中去。纸上得来终觉浅，绝知此事要躬行。

梁家河不但是实践的熔炉，也是读经典、学理论的"学院"。在梁家河期间，习近平不但读了相当多的马克思主义经典著作，还读了克劳塞维茨的《战争论》等西方学术经典。通过大量的阅读，习近平打下了坚实的理论基础。

5. 理论与实践相结合的光辉典范

理论和实践相结合在当代中国最光辉的典范，就是马克思主义基本原理和中国具体实际相结合形成的中国特色社会主义。

在中华民族积贫积弱、任人宰割的时期，各种主义和思潮都进行过尝试，资本主义道路没有走通，改良主义、自由主义、社会达尔文主义、无政府主义、实用主义、民粹主义、工团主义等也都"你方唱罢我登场",但都没能解决中国的前途和命运问题。解决中国的问题不能简单套用我国历史文化的母版,也不能简单套用马克思主义经典作家设想的模板,更不能简单套用其他国家社会主义实践和国外现代化发展的翻版。没有现成的理论和教科书可用,一切刻舟求剑、照猫画虎、生搬硬套、依样画葫芦的做法都无济于事,只有通过融通一切文明资源,把马克思主义基本原理与中国具体实践相结合才能实现。在中国革命、建设和改革的实践中,马克思主义基本原理和中国的具体实践相结合形成了两大历史性的飞跃,第一次形成了毛泽东思想,第二次形成了中国特色社会主义理论体系。实践证明,只有社会主义才能救中国,只有中国特色社会主义才能发展中国,马克思列宁主义、毛泽东思想引导中国人民走出了漫漫长夜、建立了新中国,中国特色社会主义使中国快速发展起来。

中国特色社会主义的实践、理论、制度、文化是紧密结合的,既把成功的实践上升为理论,又以正确的理论指导新的实践,还把实践中已见成效的方针政策及时上升为党和国家的制度,最后提炼出文化为前三者提供强有力的精神支持,由此形成了中国特色社会主义道路、理论体系、制度和文化。中国特色社会主义道路是必由之路,中国特色社会主义理论体系是行动指南,中国特色社会主义制度是制度保障,中国特色社会主义文化是精神力量,四者统一于中

国特色社会主义伟大实践。这是中国特色社会主义的最鲜明
特色。

马上学习

在党的十九大报告中，习近平总书记强调：中国特色社
会主义是改革开放以来党的全部理论和实践的主题，是党和
人民历尽千辛万苦、付出巨大代价取得的根本成就。中国特
色社会主义道路是实现社会主义现代化、创造人民美好生活
的必由之路，中国特色社会主义理论体系是指导党和人民实
现中华民族伟大复兴的正确理论，中国特色社会主义制度是
当代中国发展进步的根本制度保障，中国特色社会主义文化
是激励全党全国各族人民奋勇前进的强大精神力量。全党要
更加自觉地增强道路自信、理论自信、制度自信、文化自信，
既不走封闭僵化的老路，也不走改旗易帜的邪路，保持政治
定力，坚持实干兴邦，始终坚持和发展中国特色社会主义。

伟大斗争，伟大工程，伟大事业，伟大梦想，紧密联系、
相互贯通、相互作用，其中起决定性作用的是党的建设新的
伟大工程。推进伟大工程，要结合伟大斗争、伟大事业、伟
大梦想的实践来进行，确保党在世界形势深刻变化的历史进
程中始终走在时代前列，在应对国内外各种风险和考验的历
史进程中始终成为全国人民的主心骨，在坚持和发展中国特
色社会主义的历史进程中始终成为坚强领导核心。

中国特色社会主义理论体系，包括邓小平理论、"三个代表"重要思想、科学发展观、习近平新时代中国特色社会主义思想。这一理论体系写出了科学社会主义的"新版本"，是深深扎根于中国大地、符合中国实际的当代中国马克思主义。它同马克思列宁主义、毛泽东思想是坚持、发展和继承、创新的关系。马克思列宁主义、毛泽东思想一定不能丢，丢了就丧失根本。同时，一定要以我国改革开放和现代化建设的实际问题、以我们正在做的事情为中心，着眼于马克思主义理论的运用，着眼于对实际问题的理论思考，着眼于新的实践和新的发展。在当代中国，坚持中国特色社会主义理论体系，就是真正坚持马克思主义。

任何科学理论和制度，必须本土化才能真正起到作用。马克思主义也好，社会主义也好，能够在中国取得胜利，关键是我们党不断推进其中国化，紧密结合中国实际加以运用。

马上学习

习近平总书记指出，坚持和发展中国特色社会主义，必须高度重视理论的作用，增强理论自信和战略定力，对经过反复实践和比较得出的正确理论，要坚定不移坚持。同时要根据时代变化和实践发展，不断深化认识，不断总结经验，不断推进实践基础上的理论创新，坚持理论指导和实践探索辩证统一，实现理论创新和实践创新良性互动，在这种统一和互动中发展21世纪中国的马克思主义。运用马克思主义基本原理指导中国实践是我们的看家本领。马克思主义是共产党人的"真经"，不了解、不熟悉马克思主义基本原理，就不能真正了解和掌握中国特色社会主义理论体系。问题是时代的声音、实践的起点。丰富和发展当代中国马克思主义，要坚持实事求是，坚持理论联系实际的马克思主义学风，坚持问题导向，注重回答人们普遍关注的问题，注重解答干部群众思想上的"疙瘩"。

腾讯视频

百度网盘

音频

第五章

历史的正确打开方式

　　历史已逝去，逻辑犹可追，面对纷繁复杂的历史过往，如何找到正确的打开方式？马克思用一本布满老鼠齿痕的著作——《德意志意识形态》回答了我们。在马克思笔下，历史就像一列动感十足的火车，在生产力和生产关系、经济基础和上层建筑的双轮驱动下，奔驰向前；社会就像一座三层塔，生产力、生产关系（经济基础）、上层建筑（政治上层建筑和意识上层建筑），结构分明。揭破历史虚无主义的假面具，拒绝对历史的碎片化解读，坚持历史与逻辑的统一，唯物史观告诉我们，英雄绝对不是传说，哪个社会都要讲意识形态，区别只在于讲什么和怎么讲。

一、《德意志意识形态》：一本情愿让老鼠牙齿批判的书

前段时间网络上有个关于"狼牙山五壮士"的争论，某著名杂志前主编发表文章，把五位英雄的"转移"说成是"逃跑"，还使用"溜"和"滚"等贬损性词语来描述英雄们的行为，把英雄的搏斗描述成一场滑稽的闹剧。从表面看来，"转移"和"逃跑"在行为事实上是一致的，但在价值认定上却有很大区别。贬损英雄行径的背后，其实是打开历史的时候、方式出了问题。什么才是历史的正确打开方式呢？马克思用《德意志意识形态》这本书回答了我们。

这本书从完成的那天就一直停留在手稿的状态。面对书里"无比大胆"的内容，尽管马克思和恩格斯四处奔走，但都没有找到愿意为他们出版这本书的书商。最后这本手稿上布满了老鼠的咬痕。这个时候马克思风趣地说了这样一句话："**既然我们已经达到了我们的主要目的——自己弄清问题，我们就情愿让原稿留给老鼠的牙齿去批判了。**"

在接连对黑格尔、青年黑格尔派、费尔巴哈等进行深刻

批判后，马克思已经可以用简单明了的语言勾勒出唯物史观这个新世界观的轮廓。所以，当马克思和恩格斯再度见面的时候，他们决定再度联手写一部大部头的哲学著作，划清他们与整个德国唯心哲学体系的界限。这就是著名的《德意志意识形态》。

《德意志意识形态》是马克思和恩格斯合写的第二部著作，成书时间是1845—1846年。这本书系统地论述了历史唯物主义的基本原理，标志着唯物史观的诞生。唯物史观是关于人类社会发展规律的科学，它和剩余价值理论一起，被合称为马克思的两大发现。关于唯物史观，马克思写过这样一段简明的论述：

> 人们在自己生活的社会生产中发生一定的、必然的、不以他们的意志为转移的关系，即同他们的物质生产力的一定发展阶段相适合的生产关系。这些生产关系的总和构成社会的经济结构，即有法律的和政治的上层建筑竖立其上并有一定的社会意识形式与之相适应的现实基础。物质生活的生产方式制约着整个社会生活、政治生活和精神生活的过程。不是人们的意识决定人们的存在，相反，是人们的社会存在决定人们的意识。

这段话的第一句是一幅富有动感的画面，生产力和生产关系像一对车轮，推动着历史的火车头往前奔驰。这段话后面几句也有画面感，底座是社会经济结构，即经济基础。上面是法律和政治的上层建筑，与法律和政治的上层建筑相生相伴的就是社会意识形态。生产力、生产关系（经济基础）、上层建筑这个三层结构淋漓尽致地勾画了社会的骨架。除了生产力与生产关系这对矛盾运动，经济基础和上层建筑这对矛盾及其运动也是人类社会不断向前发展的动力。

在这段论述中，马克思提出了两对新概念，第一对是生产力和生产关系，第二对是社会存在和社会意识。这两对概念，就像两把手术刀，马克思用它们把纷繁复杂的历史解剖了个清清楚楚、明明白白。

1. 解剖历史的第一把手术刀

我们首先来看第一把手术刀——社会存在和社会意识。

所谓"社会存在"是指人们的物质生产活动，以及由此产生的社会关系，而"社会意识"是处于这种社会存在当中的人们产生的一种意识。比如，龙王崇拜作为一种社会意识，其实是由农业生产活动这种社会存在决定的。再比如，前段时间上海女逃离江西农村的新闻，虽然事后被证实是假新闻，但是当时由此引发的争论正好就说明了这个道理。倾向于认同上海女的人们多来自城市，他们大多和上海女一样有着相似的城市生活经历和社会关系；而倾向于反对上海女的人们，则大多来自农村，农村的生活体验和情感，让他们普遍不认同上海女的这种做法。

正因为社会意识是由社会存在决定的，所以要消灭旧的社会意识，就不能靠哲学领域内的精神批判，只有改造那些和旧社会意识相适应的旧社会存在，即通过革命来改造现实，才能彻底消灭旧的社会意识。而要正确地认识革命，就必须要把握历史规律；要把握历史规律，就必须弄清楚我们上面说的第二把手术刀——生产力和生产关系的矛盾运动。

2. 解剖历史的第二把手术刀

生产力决定生产关系，生产关系反作用于生产力。这句基本原理相信大家都会背诵。为什么说生产力决定生产关系？生产力的重大变化和生产关系相对稳定之间的矛盾，决定了生产力决定生产关系。对于这一点，马克思说过一句著名的话，**手推磨产生的是封建主为首的社会，蒸汽磨产生的是工业资本家为首的社会**，就是对生产力决定生产关系的形象表达。

科学技术的不断进步和生产力的巨大发展，为新的生产关系创造了可能。著名的马克思主义理论家考茨基曾经提出这么一个问题：未来共产主义社会谁来干最苦最累的活？这个问题其实是检验以往众多社会主义流派是否科学的试金石。空想社会主义思想家莫尔说应该让奴隶来干这样的活，考茨基说别

考茨基

逗了，还有奴隶存在怎么可能是共产主义社会呢？傅立叶说，那就让儿童来干，儿童最喜欢脏，尤其是男孩最喜欢在泥里打滚，干脆组个儿童团，既可以满足他们的天性，还可以干各种脏活，考茨基很无语。还有人回答说，那就让妇女来干啊。越回答越离谱了。其实，未来社会脏活累活谁来干？科学技术嘛！科技的发展，就可以把人首先从最脏最累的活里解放出来，为一种新生产关系的产生提供了可能性。

现在物联网技术的发展，逐步实现了物与物的对接，逐步将人从人对物的依赖中解放出来。比如以前开车经过收费站，需要人手动打卡，而现在打卡器直接和汽车对接，省去了人的劳动，这或许预示着一种新型的社会关系的产生。

为什么说生产关系反作用于生产力？我们还是举个例子说明。当某个行业产生垄断集团之后，比如某集团控制了这个行业80%的市场。这个时候，这个垄断集团就丧失了技术创新的动力，因为技术创新无非是为了赚钱，而现在它只要控制着市场，不用创新同样可以赚钱，何必再花那么多金钱和精力去搞创新呢？而且，一旦其他小企业努力搞出一个更先进的技术之后，垄断企业的做法往往是千方百计地打压，防止新技术侵占自己的市场。垄断集团不仅自己不创新，还不让别人搞创新，这样一来就阻碍了技术进步，阻碍了生产力发展。

正是在生产力和生产关系的矛盾运动中，历史的车轮缓缓向前运动。在这个过程中，每一个社会的统治阶层，都会把能够维护自身统治的社会意识提炼出来，使之成为这个社会占统治地位的主流意识形态。而要彻底消除统治意识形态，仅仅靠理论批判是不够的，必须要废除那个阶级的统治地位，也就是马克思所说的"革命"，才能做到这一点。

我们需要用唯物史观来正确地打开历史，坚持历史和逻辑的统一。这两把手术刀实际上揭示的就是历史的客观逻辑，也就是历史的基本规律。反观历史虚无主义，它最大的问题就是只看碎片化的历史片断，而忽略了整体性的真实历史。卢卡奇明确指出，事实不是现实。列宁对这个问题也有一段非常经典的描述：

在社会现象方面，没有哪种方法比胡乱抽出一些个别事实和玩弄实例更普遍、更站不住脚的了。挑选任何例子是毫不费劲的，但这没有任何意义，或者有纯粹消极的意义，因为问题完全在于，每一个别情况都有其具体的历史环境。如果从事实的整体上、从它们的联系中去掌握事实，那么，事实不仅是"顽强的东西"，而且是绝对确凿的证据。如果不是从整体上、不是从联系中去掌握事实，如果事实是零碎的和随意挑出来的，那么，它们就只能是一种儿戏，或者连儿戏都不如。

二、历史虚无主义错在哪儿?

1. 英雄们难道都是传说?

"历史虚无主义"的概念有点抽象,咱们举个例子来说明一下。我们小时候都学过一篇课文叫《狼牙山五壮士》。七十多年前,五位壮士为了掩护群众以及大部队的安全转移,将日军引向狼牙山峰顶绝路。"风萧萧兮易水寒,壮士一去兮不复还。"五位壮士战至弹尽路绝,决绝地跳下万丈悬崖。纵身一跃,慷慨壮烈。在 2015 年中国人民抗日战争暨世界反法西斯战争胜利七十周年阅兵式上,三军仪仗队过后,第一支抗日英模部队方阵威武行进,"狼牙山五壮士"几个大字,在猎猎军旗上格外瞩目,这是中国军人的楷模,是中国军人的军魂。

英雄本应得到尊重。然而,近几年,网络上不时冒出怀疑和虚构"狼牙山五壮士"抗日斗争情节的奇谈怪论,混淆了视听,抹黑了英雄。有人说五壮士是兵痞,因为骚扰百姓,百姓偷偷地把他们的行踪报信给日军的。2013 年,某杂志主编撰文质疑五壮士，看似不偏不倚地在考证历史，实则用春秋笔法，选择性地使用史料，使用"溜""滚"等贬损词语，把英雄的搏斗描述成一场滑稽的闹剧。随后，一些正义人士在微博上声讨某杂志的文章。其间因为口角，几位之间发生不快。随后，某杂志主编首先将几位与其骂战的人士告上法院，起诉他们侵权，侮辱自己的名誉。后来法院的宣判却大快人心，某杂志主编的诉讼请求被驳回。

感谢英雄们的牺牲，感谢英雄们的奉献，我们今天才可以如此幸福，幸福到一些别有用心的"学者"用放大镜考证烈士们牺牲的细节，用以证明烈士们犯过错，用以证明烈士们的狼狈，这不是无知，这不是忘恩负义，这是别有用心。

2. 真实的历史碎片绝不等于真正的历史

历史已逝去，逻辑犹可追。历史虚无主义之所以迷惑人，就是因为割裂了历史和逻辑，只强调碎片化的历史真实，而否认历史发展的客观逻辑和规律。历史虚无主义的伎俩很多，有碎片化解构历史、抽象化混淆历史、娱乐化戏说历史等等。列宁曾说过："在社会现象领域，没有哪种方法比胡乱抽出一些个别事实和玩弄实例更普遍、更站不住脚的了。挑选任何例子是毫不费劲的，但这没有任何意义，或者有纯粹消极的意义，因为问题完全在于，每一个别情况都有其具体的历史环境。……如果不是从整体上、不是从联系中去掌握事实，如果事实是零碎的和随意挑出来的，那么它们就只能是一种儿戏，或者连儿戏也不如。"

历史虚无主义有迷惑性，因为它打着历史细节的幌子去解读历史。然而，历史的真实碎片并不是真实历史，马克思主义的唯物史观告诉我们要正确地打开历史必须要坚持历史与逻辑的统一。这是因为，受限于认识能力，人们不可能回到历史去认识历史，而只能通过历史的逻辑和规律把零散的历史碎片串起来去认识历史。如果看不清历史的规律与趋势，看不清历史的逻辑，只用碎片去解读历史，势必在历史观上犯错误。

比如笔者坐在镜头前面正儿八经地录严肃的节目，偶尔会有挖鼻孔的不雅动作。结果导演把笔者严肃的发言片段都删掉，只保留了我挖鼻孔的动作，节目播出来后，观众看到的我就是一个喜欢挖鼻孔做不雅观动作的人。这是历史虚无主义碎片化解读历史的一个伎俩。

历史与现实中有无数的材料和事实，我们不能断章取义地根据自己的需要去歪曲历史、解读历史，要让历史与逻辑一致。因为我们不能穿越到过去，即使我们生活在当时，也不一定可以把握当时，这就是我们常说的"有图未必有真相"。

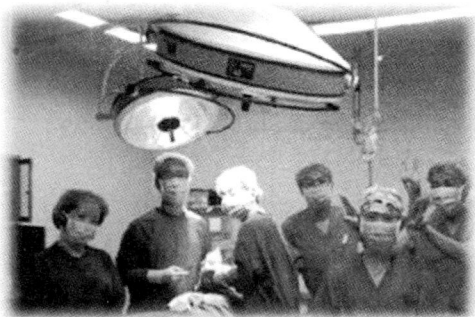

很多人都见过一张照片，照片里医护人员在手术台上集体合影，有的还摆出 V 字手势。这张照片一经媒体曝出，迅速成为热点，批评声纷至沓来，网友纷纷炮轰医护人员没有职业道德，竟然在手术台上拍照，怪不得医患关系如此紧张。由于网友一边倒的批评声音，当地卫生局果断做出处理：三人被免职、参拍人记过并扣发三个月奖金等。但是，事情迅速发生了逆转。这一次有图未必有真相。很多照片当事人接受采访，还原了当时的情况。原来，患者农民工大叔当时腿疾严重，很多医院直接建议截肢，唯独这家医院成功保住了他的腿，而之所以在手术台合影，一方面是历时 7 小时大手术成功后的如释重负，保住了农民工大叔的一条腿；另一方面则是医生们对服役 10 年的老手术室惜别之情。面对非议，患者农民工大叔也忍不住站出来替医院的医生说话："医生们拍照俺知道，也同意了。"这个例子是不是就是刚才讲的历史虚无主义呢？

现实生活中，这样的案例非常多，很多人不尊重客观事实，把历史当作可随意打扮的小姑娘，用主观臆测代替对客观历史的研究，仅凭自己的主观意愿随意论人评史。根据假

设来臧否历史事件和人物，如假设中国按照洋务运动的路子
发展下去，也许可以早日实现现代化等。这股错误思潮具有
很大的欺骗性、迷惑性和渗透性，必须高度警惕，必须运用
马克思主义历史与逻辑相统一的唯物史观对其进行批判和澄
清。

三、你见，或者不见，意识形态就在那里

1. 被"污名化"的意识形态

一提到"意识形态"，有些人会觉得是不是"左"了，是要搞阶级斗争吗？甚至有人会觉得要回到"文革"。其实，这都是对意识形态的误解，只要政治没有消失，哪个社会都要讲意识形态，区别只在于讲什么和怎么讲。

意识形态究竟是什么呢？意识形态就是系统、自觉、直接地反映社会经济形态和政治制度的思想体系，是社会诸形式中构成观念上层建筑的部分，只要有政治上层建筑，有政治的、法律的这些国家设施的设计，就一定会有观念的上层

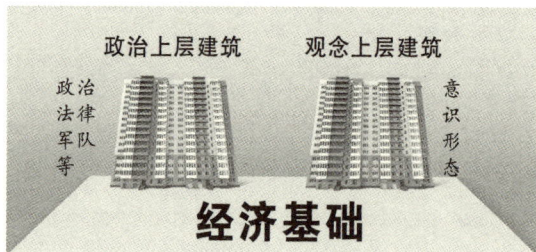

政治上层建筑　　观念上层建筑

政治　法律　军队　等

意识形态

经济基础

建筑，这个观念的上层建筑就是意识形态。这就是说，世界上的哪个国家都有属于自己的意识形态。

> 你见，或者不见
>
> 意识形态就在那里
>
> 不悲不喜
>
> 你念，或者不念
>
> 意识形态就在那里
>
> 不来不去
>
> 你信，或者不信
>
> 意识形态就在那里
>
> 不增不减

有人说，意识形态就是虚假的，是忽悠老百姓的。要回答这个问题需要具体分析。没错，意识形态就是统治阶级的思想统治，所有的统治阶级都要有思想统治，但不是所有的思想统治都是虚假的。在少数剥削阶级占统治地位的剥削社会里，意识形态的确是虚假的，是忽悠老百姓的，其阶级实质与思想表现是脱节的，剥削阶级不代表广大人民的利益，与人民的利益是对立的，尽管他的意识形态打的是全民的旗号，实质却是剥削阶级利益的表达。但有一个阶级是例外的，那就是无产阶级。无产阶级的阶级利益与人民的利益是一致的，都是消灭剥削、消灭私有制，因此社会主义的意识形态不是虚假的。

2. 美国不讲意识形态？

不管你喜欢不喜欢，承认不承认，意识形态在这个世界上的任何一个国家、地区都会有，只是方式不同。很多人总觉得美国不提意识形态，其实不然，美国也有思政课，而且美国的意识形态工作做得比我们国家还深刻。随着好莱坞大片、迪斯尼动画在全球的流行，美式价值观就这样和风细雨、润物无声地潜入大家的头脑了。美国在开展意识形态上是老手。好莱坞的军事大片以场面宏大、特效逼真而风行全球，也因此获得巨额的票房收入。事实上，好莱坞可不仅仅是文化产业，美国政府把好莱坞列为"军事工业"。一直以来，很多军事题材大片的背后都有美国军方的深度介入。如果影片题材符合军方的口味，美国国防部不仅会出钱资助好莱坞拍摄宣传美国军人英雄主义、个人主义的电影，还会为制片商提供从道具到剧本的全方位支持。

不只是我们熟悉的《超人》《速度与激情》等系列，连动画片《疯狂原始人》都渗透着美式价值观。很多人觉得一个讲原始人进化的动画片，怎么就涉及美式价值观？从意识

形态的角度去思考这个电影，剧
中有两个核心人物，一个是阳光
男孩叫 Guy，还有就是原始人的
老爹叫 Grug，这两个人物，代表
的就是东西方的两种价值观。其
中，阳光男孩代表的就是西方的
个人主义价值观，老爹代表的是
集体主义价值观。老爹在这个里面预示着集体主义的价值观
就是封闭的、保守的、愚昧的、落后的，一遇到困难就是大
家抱团，抱团完了回到黑暗洞穴；但是这个小男孩一遇到问
题，就让大家分开走，为什么要分开走，因为每一条路都有
不同的风景，并且不是回到洞穴，而是向着明天、向着太阳，
那是一个飞向美好的地方，它的名字叫明天，预示着西方个
人主义的价值观。而集体主义是社会主义价值观的核心，在
剧中它是以愚昧的、落后的、原始人的、原始洞穴的东西呈
现出来，潜移默化地让观众对集体主义的东西产生抵触和反
感，而对西方个人主义充满向往，误认为那才是充满活力、
充满阳光的。你看，在一个动画片里，都不忘黑集体主义和
社会主义一把。

　　特别是最近热播的电影《疯狂动物城》，我看完归来唏
嘘不已，看看人家的美国主旋律电影，故事有趣，观众捧腹，
价值观上却又是一场普世价值和个人主义的胜利。从《疯狂

原始人》到《疯狂动物城》，迪斯尼动画一贯"政治正确"，总要有意无意地黑东方一把。靠着爱能征服一切的普世价值，食肉动物都要爱上食草动物了，狐狸都爱上兔子了？你还好意思谈阶级吗？关键人家电影拍得精彩，我一边反感一边心服口服。反观我们，很多节目还是一上来就赤裸裸地喊口号，一些全明星阵容的主旋律电影贴钱观众都提不起兴趣，说多了都是泪，学习美国好榜样，希望我国的电影产业不拘一格降人才，早日拍出精彩有趣的主旋律电影。

每一种价值观，它不像自助餐一样，可以任你随意选择，随意配置。价值观是和这个国家、地区的生产方式联系在一起，是有历史根源与现实基础的。不是说西方的自由、民主就十恶不赦，而是西方的价值观在中国没有土壤，你硬是要学人家，结果就是邯郸学步，南橘北枳了。看看今天的阿富汗、伊拉克、利比亚哪一个不是学美国民主，这些国家天天战乱，社会动荡，讲真，这真的美好吗？

那为什么年轻人总觉得我们社会主义国家一天到晚提意识形态工作，西方却好像从来不提呢？好像意识形态就是社会主义独一份的。其实，他们把意识形态与独裁、专制，甚至与法西斯主义画上等号，从而把意识形态污名化、妖魔化。在西方"名"不存了，但是"实"依然存在。人家不用这个名字。名义上不讲，但是事实上一直在讲，并且反复讲，只不过人家换了新包装，换成了貌似超阶级、超党派、超立场的普世价值、宪政民主、公民社会、新自由主义等。

马上学习

在 2013 年的全国宣传思想工作会议上，习近平总书记指出："经济建设是党的中心工作，意识形态工作是党的一项极端重要的工作。党的十一届三中全会以来，我们党始终坚持以经济建设为中心，集中精力把经济建设搞上去、把人民生活搞上去。只要国内外大势没有发生根本变化，坚持以经济建设为中心就不能也不应该改变。这是坚持党的基本路线 100 年不动摇的根本要求，也是解决当代中国一切问题的根本要求。同时，只有物质文明建设和精神文明建设都搞好，国家物质力量和精神力量都增强，全国各族人民物质生活和精神生活都改善，中国特色社会主义事业才能顺利向前推进。"

宣传思想工作就是要巩固马克思主义在意识形态领域的指导地位，巩固全党全国人民团结奋斗的共同思想基础。党员、干部要坚定马克思主义、共产主义信仰，脚踏实地为实现党在现阶段的基本纲领而不懈努力，扎扎实实做好每一项工作，取得"接力赛"中我们这一棒的优异成绩。领导干部特别是高级干部要把系统掌握马克思主义基本理论作为看家本领，老老实实、原原本本学习马克思列宁主义、毛泽东思想，特别是邓小平理论、"三个代表"重要思想、科学发展观。党校、干部学院、社会科学院、高校、理论学习中心组等都要把马克思主义作为必修课，成为马克思主义学习、研究、宣传的重要阵地。新干部、年轻干部尤其要抓好理论学习，通过坚持不懈学习，学会运用马克思主义立场、观点、方法观察和解决问题，坚定理想信念。

在党的十九大报告中，习近平总书记强调："牢牢掌握意识形态工作领导权。意识形态决定文化前进方向和发展道路。必须推进马克思主义中国化时代化大众化，建设具有强大凝聚力和引领力的社会主义意识形态，使全体人民在理想信念、价值理念、道德观念上紧紧团结在一起。要加强理论武装，推动新时代中国特色社会主义思想深入人心。深化马克思主义理论研究和建设，加快构建中国特色哲学社会科学，加强中国特色新型智库建设。高度重视传播手段建设和创新，提高新闻舆论传播力、引导力、影响力、公信力。加强互联网内容建设，建立网络综合治理体系，营造清朗的网络空间。落实意识形态工作责任制，加强阵地建设和管理，注意区分政治原则问题、思想认识问题、学术观点问题，旗帜鲜明反对和抵制各种错误观点。"

四、汇聚社会主义意识形态建设的价值认同

当前，在多元多样多变的意识形态领域，在价值判断上出现了是非不明、善恶不辨的中性化、模糊化，甚至是混乱化的倾向，这种倾向表面上打着不"左"不"右"、不偏不倚的幌子，实际上却给主流价值观、主流意识形态贴上了"左"的标签，使人们因惧怕"左"而远离主流意识形态和主流价值观。因此，当前迫切需要培育全社会共同认可的社会主义核心价值观的最大公约数，汇聚价值认同，进而增强对社会主义意识形态的认同。

1. 中国梦：当代中国的最大公约数

增强社会主义意识形态的价值共识，需要高度重视中国梦凝聚价值认同的"最大公约数"作用。习近平总书记强调："中国梦是一种形象的表达，是一个最大公约数，是一种群众易于接受的表述。"中国梦积淀着中华民族共同的历史、共同

的利益和共同的价值，中国梦所内涵的价值理想涵盖了国家、民族、个人三个层面，包含了经济富裕、政治强盛、文化振兴、生活幸福等各个方面，能够为不同阶层、不同地域、不同年龄、不同性别、不同民族的人民群众所接受，已经成为当前广大人民群众价值观的"最大公约数"，为人们的思想和行为提供了共同的价值目标追求，这对于引领整合多样化社会思想意识，激发广大人民群众投身改革开放事业、建设中国特色社会主义的积极性、主动性、创造性发挥了巨大的作用。

中国梦是激励人心和指引方向的精神灯塔。当前社会上很多人理想家园失守，理想信念缺失，"软骨病"严重。改革开放以来，伴随着经济转型和社会转轨，在对外开放的大潮中，功利主义和消费主义悄悄渗透，金钱至上的拜金主义不断抬头，热衷感官享受的享乐主义大行其道，物质崇拜和奢靡之风日盛。在这个过程中，很多人信仰迷茫，精神缺失。

马上学习

针对这种现象，习近平总书记在第十八届中共中央政治局第一次集体学习时，特别指出："理想信念就是共产党人精神上的'钙'，没有理想信念，理想信念不坚定，精神上就会'缺钙'，就会得'软骨病'。现实生活中，一些党员、干部出这样那样的问题，说到底是信仰迷茫、精神迷失。"

习近平总书记2013年5月4日在同各界优秀青年代表座谈时进一步强调："理想指引人生方向，信念决定事业成败。没有理想信念，就会导致精神上'缺钙'。中国梦是全国各族人民的共同理想，也是青年一代应该牢固树立的远大理想。中国特色社会主义是我们党带领人民历经千辛万苦找到的实现中国梦的正确道路，也是广大青年应该牢固确立的人生信念。"

中国梦作为民族复兴的理想为中国的发展明确方向，提供导向，激励人心。俄国大文豪列夫·托尔斯泰曾经说过："理想是指路明灯。没有理想，就没有坚定的方向；没有方向，就没有生活。"伟大事业的起航，源于伟大的理想。理想问题至关紧要，决定了人民群众的努力方向和动力。在全面建成小康社会的新时期，中国梦所代表的中国理想，以国家富强、民族振兴和人民幸福为主要目标，蕴涵了社会主义的本质要求和共产主义的基本因子，指引着我们前进的方向。

当前在思想文化领域，乱花渐欲迷人眼，共识难成，社会割裂，社会风险叠加。改革开放以来，价值取向的多元化和意识形态的多样性已经成为我国思想文化领域不容忽视的客观现实。社会利益分化加剧，新的社会阶层不断涌现，不同社会阶层之间的利益矛盾和冲突日益凸显，加之新自由主义、消费主义、历史虚无主义、普世价值论、西方宪政论等各种意识形态和社会思潮蜂拥而至，社会主义意识形态被污名化，话语体系日趋多样，价值观日趋多元，价值评价标准混乱，在中国未来发展的方向、目标和路径等方面，社会共识难以形成。在这种情况下，当代中国亟须进行思想整合、价值规范和共识锻造，亟须寻求一种社会各阶层都能普遍接受的社会思想旗帜来凝聚共识和凝聚力量。中国梦的提出，在话语形式上浪漫通俗，易于为社会各个阶层普遍接受；在具体内涵上包括国家、民族和个人三个层面，符合社会各阶层的共同利益。中国梦作为共同理想，能够把希望、热情、力量最大限度地汇聚起来，构成推动历史发展的强大动力。这样，在更大范围和更广领域内，少阻力、多动力的"力"的平行四边形就形成了，中国力量得以汇聚，中国合力得以形成。中国梦作为共同理想有利于最大程度地培育共识和凝聚力量，是中国思想和中国力量的黏合剂。

2. 让社会主义核心价值观像空气一样存在

培育和践行社会主义核心价值观是凝聚社会主义意识形态价值共识的主要途径。必须看到，经济体制深刻变革、社会结构深刻调整、利益格局深刻变动，导致思想领域日趋多元化，必然引发不同价值观之间的激烈冲突。价值观越是多元复杂，就越需要社会主义核心价值观的引领。社会主义核心价值观把涉及国家、社会、公民三个层面的价值要求融为一体，把马克思主义的核心价值要求和中国传统文化的价值精华相结合，已成为中国当代价值的最大公约数。因此，积极培育和践行社会主义核心价值观，既能抵御西方思想文化的渗透，维护国家意识形态安全，又能引领和整合各种社会思潮，也能在各种利益矛盾与思想差异中形成社会共识，有效地避免利益格局变动可能带来的思想对立与混乱，增强中华民族的凝聚力与向心力，形成积极向上的精神力量与团结和睦的精神纽带。

马上学习

习近平总书记将社会主义核心价值观比喻为空气，提出"要使核心价值观的影响像空气一样无所不在、无时不有"。

这一方面表明了社会主义核心价值观的重要性，更重要的一方面是要让社会主义核心价值观以春风化雨、润物无声的方式，自然而然地融入我们的生活，深入我们的内心。

一个国家的强盛，一个民族的进步，不仅表现在经济水平的提高和物质生活的富余上，更表现在整个社会的思想文化水平和民众的道德觉悟上。我们常说，中华民族的伟大复兴，不仅要在经济发展上创造奇迹，也要在精神文化上书写辉煌。改革开放以来，我们国家经济发展迅速，创造出了让世界为之瞩目的"中国速度"，人民物质生活水平也极大地丰富，正在向着全面小康大步迈进。于是，问题来了：在今天全面深化改革的进程中，我们应该焕发什么样的精气神，才能引领思潮、凝聚共识、攻坚克难？在追逐和实现中国梦的伟大奋斗中，我们又该弘扬什么样的价值观，才能让我们的国家、民族、人民在思想和精神上更加强大？

毫无疑问，问题的答案就是社会主义核心价值观。习近平总书记曾指出，核心价值观是文化软实力的灵魂、文化软实力建设的重点。这是决定文化性质和方向的最深层次要素。一个国家的文化软实力，从根本上说，取决于其核心价值观的生命力、凝聚力、感召力。

社会主义核心价值观用24个字来概括：富强、民主、文明、和谐，自由、平等、公正、法治，爱国、敬业、诚信、友善。它体现在三个层面上，富强、民主、文明、和谐，指的是国家层面的价值目标；自由、平等、公正、法治，指的是社会层面的价值取向；爱国、敬业、诚信、友善，指的是公民个人层面的价值准则。这三个层面既有区别又相互融合，既反映了社会主义的理想信念，又继承了中国优秀传统文化的精髓，同时还具有鲜明的时代特色，反映着全中国人共同心愿的最大公约数。

马上学习

习近平总书记指出："榜样的力量是无穷的，广大党员、干部必须带头学习和弘扬社会主义核心价值观，用自己的模范行为和高尚人格感召群众、带动群众。所以，要让社会主义核心价值观像空气一样无所不在、无时不有，为官者必须率先垂范。"

习近平总书记指出："一种价值观要真正发挥作用，必须融入社会生活，让人们在实践中感知它、领悟它。要注意把我们所提倡的与人们日常生活紧密联系起来，在落细、落小、落实上下功夫。"所以，要让社会主义核心价值观像空气一样无所不在、无时不有，还需要将它融入群众的生活中。

要让社会主义核心价值观像空气一样无所不在、无时不有，不是一件容易的事情，需要全党全社会的共同努力。

社会主义核心价值观的培育贵在知行统一，这个"知"是前提和基础，只有内心认同才能自觉践行，只有春风化雨才能润物无声。社会主义核心价值观不是某一部分社会成员追求先进的誓词，也不是社会对某一层面群体的规范要求，它是社会各界广泛认同、普遍接受、一致认可、共同追求的主流价值观，是各种社会认知的最大公约数，代表了人们对社会生活的总体认识、基本理念和理想追求。从这一点来讲，社会主义核心价值观在融入社会生活方面，具备天然的优势。社会主义核心价值观从来都不是高高在上的教条，它将各个层面的价值理念彰显于国家发展、社会运行、个人生活的过程与细节，国家有目标，社会有取向，个人有准则，三者共同作用，就能不断增厚道德土壤，实现社会风气的净化。

道德的力量蕴藏在每个人的心中，但要想将这份道德的力量唤醒，却需要每一个人的实干和行动。公务员为群众办好的每一件实事，是敬业的诠释；商家为消费者提供的每一件商品，是诚信的代言；看见需要帮助的人热心地上去搭把手，是友善的暖流……我为人人，人人为我。其实，当我们每个人都能成为社会主义核心价值体系建设的"筑堤人"时，我们每个人就已经成为社会主义核心价值体系建设的受益者，培育和弘扬社会主义核心价值观的氛围，也会在这种爱的交互传递中越来越浓厚。

罗马不是一天建成的，文明也不是一天就能养成的。培育和践行社会主义核心价值观是一个长期过程，更是一项宏大工程，蕴涵着全党全社会的共同责任。从党员干部的率先垂范，到普通群众的积极参与，人民有信仰，国家才有力量，只要每个人多一些担当、尽一份心力，就能让社会主义核心价值观像空气一样无所不在、无时不有，就能汇聚强大的力量，让道德航船乘风破浪，把中国推向更为美好的未来。

需要警惕的是，在凝聚价值共识方面绝不能陷入西方所谓"普世价值"的话语陷阱。要让人们知道西方价值观念和价值事实不是一回事，西方"普世价值"偷换了价值观念和价值事实的概念，混淆了真理性话语与政治性话语，是在以抽象的共同价值观念为幌子，推销其具体的资本主义观念和制度。社会主义核心价值观强调的"民主、自由、平等、公正"，与西方国家宣扬的所谓"普世价值"在概念内涵和制度设计上有本质的区别，绝不能混为一谈。

马上学习

在党的十九大报告中，习近平总书记强调："培育和践行社会主义核心价值观。社会主义核心价值观是当代中国精神的集中体现，凝结着全体人民共同的价值追求。要以培养担当民族复兴大任的时代新人为着眼点，强化教育引导、实践养成、制度保障，发挥社会主义核心价值观对国民教育、精神文明创建、精神文化产品创作生产传播的引领作用，把社会主义核心价值观融入社会发展各方面，转化为人们的情感认同和行为习惯。坚持全民行动、干部带头，从家庭做起，从娃娃抓起。深入挖掘中华优秀传统文化蕴含的思想观念、人文精神、道德规范，结合时代要求继承创新，让中华文化展现出永久魅力和时代风采。"

加强思想道德建设。人民有信仰，国家有力量，民族有希望。要提高人民思想觉悟、道德水准、文明素养，提高全社会文明程度。广泛开展理想信念教育，深化中国特色社会主义和中国梦宣传教育，弘扬民族精神和时代精神，加强爱国主义、集体主义、社会主义教育，引导人们树立正确的历史观、民族观、国家观、文化观。深入实施公民道德建设工程，推进社会公德、职业道德、家庭美德、个人品德建设，激励人们向上向善、孝老爱亲，忠于祖国、忠于人民。加强和改进思想政治工作，深化群众性精神文明创建活动。弘扬科学精神，普及科学知识，开展移风易俗、弘扬时代新风行动，抵制腐朽落后文化侵蚀。推进诚信建设和志愿服务制度化，强化社会责任意识、规则意识、奉献意识。

腾讯视频

百度网盘

音频

全世界无产者　联合起来！

第六章

全世界无产者联合起来！

　　《共产党宣言》像一面明亮的镜子，把马克思发现的新世界观清楚鲜明地折射了出来。简练铿锵的修辞、震撼人心的真理、自由光明的希望赋予《共产党宣言》胜于《圣经》的力量。19世纪这样一本薄薄的小册子，几乎席卷了20世纪所有的政治风云，至今即使那些不明就里的人仍然会对此书感到"不明觉厉"。关于社会主义和资本主义的历史较量，"两个必然"告诉我们社会主义一定赢；"两个决不会"告诉我们资本主义还能撑一会儿；"两个决裂"告诉我们社会主义如何加强自我修养，才能更快赢得胜利。对眼前这个令人迷茫而又困惑的世界来说，倘若没有马克思，没有对马克思的回忆，没有马克思的遗产，也就失掉了它自己的未来。《共产党宣言》向全世界发出响亮的号召，让全世界无产者联合起来。

一、不明觉厉的《共产党宣言》

有这样一本书，最初只印了几百册，但它成为了思想的武器。时至今日，它影响了全人类，被翻译成了两百多种文字在全世界广泛传播。说到这儿有人也许会想到《圣经》，但我要告诉你的是，这本书的名字叫做《共产党宣言》。最初这是一本绿色封面、只有 23 页的德文小册子，刚印刷好就赶上法国二月革命的爆发，油墨未干的书籍立即被分发到各国的同盟盟员手里，成为工人的思想武器。

就是这本标志着马克思主义诞生的小册子对世界产生了巨大的影响。由于它的问世以及由马克思、恩格斯所开创的科学社会主义运动的兴起，世界各国产生了很多大大小小的社会主义革命组织，形成了一个强大的社会主义阵营，从根本上改变了资本主义一统天下的世界格局。

《共产党宣言》在世界上传播得非常广泛，其发行量堪比《圣经》，不仅成为全世界共产党人和一切进步人士必读的著作，而且成为美国等许多国家大学生的必读书。就在 2016 年年初，根据美国一家调查机构的数据显示，《共产党宣言》是

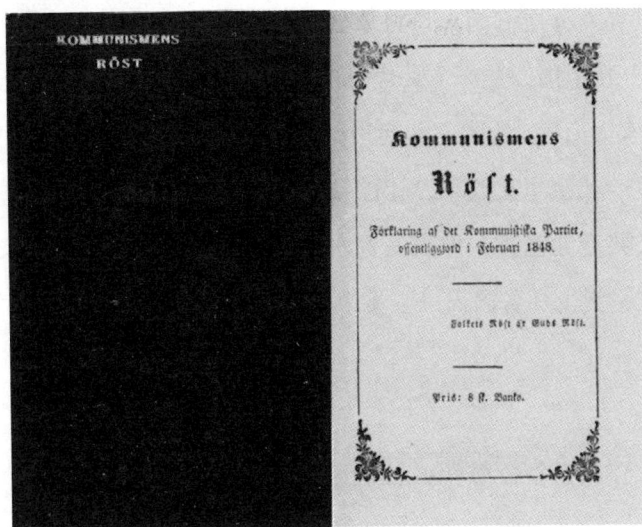

《共产党宣言》

美国名校大学生十大课外必读书之一。

　　《共产党宣言》发表之后，"全世界无产者联合起来"的口号响遍世界各地。在共产主义理想的鼓舞和激励下，俄国十月革命取得胜利，开辟了人类历史的新纪元，并先后带动十四个国家走上社会主义道路，极大地改变了人类社会的发展进程。世界反法西斯战争胜利，亚非拉等殖民地半殖民地国家的民族民主革命成功，乃至于"8小时工作制"、"五一国际劳动节"，以及其他资本主义国家因为感到压力对劳动人民实行的种种福利政策，都与共产主义理想指引的社会运动有着紧密关联。一位德国作家在谈到19世纪以来的历史剧变时说："没有工人运动，没有社会主义者，没有马克思，当今世界六分之五的人口将依然生活在半奴隶制的阴郁状态之中。"在中国，共产主义理想指引中国共产党和中国人民推翻"三座大山"，让国家站起来；进行社会主义改造、社会主义建设、社会主义改革，让国家一步一步富起来、强起来。回顾《共产党宣言》发表一百六十多年来的历史，共产主义理想在世界上和各国人民心灵中结出的硕果可谓震古烁今。

1."两个必然"：社会主义一定会赢

有人会问，社会主义和资本主义斗了这么多年，到底谁会赢呢？我们坚信社会主义一定会赢！哪来的信心和底气？《共产党宣言》中关于"两个必然"的论述，就是我们信心的来源。什么是"两个必然"呢？马克思、恩格斯指出："**资产阶级的灭亡和无产阶级的胜利是同样不可避免的**。"这就是资本主义必然灭亡，社会主义必然胜利。在马克思和恩格斯看来，人类的历史和自然界的历史是一样一样的，它由客观规律支配着，这个规律就是生产力和生产关系、经济基础与上层建筑的矛盾运动规律。这决定了资本主义没办法克服它内在的基本矛盾，其周期性的经济危机没法避免，所以必然走向灭亡。

我们举一个例子来说明一下。在一个村子里，有老C

（资本主义英译 capitalism 的首字母）和小 S（社会主义英译 socialism 的首字母）两家人。老 C 家兄弟众多，一直是分家单干，其中老大和老二由于分家的时候占了便宜，家底比其他兄弟厚实很多。种地用的牲口和大型农具都归老大老二家所有，其他兄弟要用可以，但是得拿钱来租。日积月累下来，老大老二家越来越富，其他弟兄们活没少干，但一年到头剩不下什么钱，过年过节大家聚在一起吃饭的时候，分两桌坐，酒菜都是一样的，但一桌老大老二家七八口人分着吃，另一桌其他几十口人分着吃，搞得大家族里怨声载道。

小 S 家正好相反，从来没分过家，种地用的牲口和农具都是公用的，兄弟们谁用得着就拿去用，种的粮食归公，大家分着吃。日积月累下来，各兄弟家日子过得差不多，关键是大家心很齐，劲儿往一处使，种地一起种，有饭一起吃。过年过节吃饭的时候，一大家子围在一个桌子上吃饭，其乐融融。

这个时候，村里有项大工程，各家当然都想干。但是老 C 家兄弟们内部意见不统一，小兄弟们觉得干工程赚的钱大部分被老大老二拿走了，自己分不到多少，思想上很不积极，工程最终也没拿到手。而小 S 家由于赚钱大家分，走"共同富裕"的道路，人心齐，泰山移，很快就把工程拿下了。久而久之，老 C 家和小 S 家比较起来，哪一家的日子会越过越好呢？当然是小 S 家!

　　社会主义和资本主义的历史较量，也是如此。资本主义由于生产资料的私有制和财富分配不均，老百姓的日子必然会越来越差，而社会主义坚持生产资料公有制，走共同富裕的道路，老百姓的日子越来越好。

2."两个决不会"：资本主义还能撑一阵子

　　说了"两个必然"，有人不服，还会问，你说社会主义必然胜利，资本主义必然灭亡，但是资本主义现在活得好好的，也没有完蛋啊，怎么解释呢？

　　还是以刚才老C和小S两家举例子。老C家可能表面上过得还不错，是因为老大老二有这么三个手段。第一个，老C家的老大老二看到小S家发展不错，也跟小S家学了点"共同富裕"的思想，为了安抚弟兄们的不满，可能会少要点租金，多发点工资，原来一天一块，现在涨到一天一块五，小弟兄们一看还能多分到点钱，干活就多少有点积极性；第二个，老大老二能忽悠，给小弟兄们宣讲大家族理念，宣扬通过个人奋斗可以改变命运的思想，你看，老七家的小子不就精明能干，现在成了老大家的管家了嘛？第三，老大老二人高马大，还养了一批打手，有不吃敬酒的兄弟们，自然就是拳脚伺候。

俗话说:百足之虫,死而不僵。盛极一时的资本主义的消亡过程也不是一瞬间就可以完成的。"两个必然"揭示了社会主义代替资本主义的必然趋势,但资本主义也不是决然赴死,甘拜下风自动让位的,社会主义代替资本主义是一个长期的、艰巨的历史过程。所以,马克思又提出"两个决不会"。"两个决不会"揭示了在社会主义前途光明、道路曲折的路上,社会主义代替资本主义的长期性,与资本主义共舞的可能性。

1859 年,马克思在《〈政治经济学批判〉序言》中提出了"两个决不会"的重要思想,他指出:在人类历史上,"**无论哪一个社会形态,在它所能容纳的全部生产力发挥出来以前,是决不会灭亡的;而新的更高的生产关系,在它的物质存在条件在旧社会的胎胞里成熟以前,是决不会出现的**"。"两个决不会"原理揭示了人类社会历史发展的曲折性,承认社会主义的胜利和资本主义的灭亡并非一蹴而就,社会主义和资本主义之间存在长期共存的可能性。

历史的进程并没有立刻终结资本主义。资本主义积蓄了一定的科技实力、市场经验与资源整合能力。同时,在社会主义和民族主义运动的刺激下,资本主义在不损害其根本制度的前提下,对其生产关系和上层建筑进行调整和改良,这也在一定程度上缓解了其各种危机,适应了社会生产力发展的要求,从而延缓了其灭亡的命运。

资本主义尽管表面上与社会主义势同水火，私下里却偷偷拜社会主义为师，学习社会主义也是资本主义延缓灭亡的重要方式之一。资本主义作为人类历史上最后一种剥削阶级占统治地位的社会形态，具有比以往任何一种剥削阶级社会更为完备和巧妙的统治方式，以及更加灵活与高超的应变能力。在 20 世纪 30 年代，当西方主要资本主义国家遭受经济大危机与大萧条的打击和磨难之时，苏联的社会主义工业化却大踏步前进，社会主义制度的优越性极其充分地展现在世界工人阶级和其他进步人士的面前。西方国家开始借鉴社会主义国家的某些做法，普遍推行凯恩斯主义，通过大力发展股份公司、有选择地实行国有化、扶持大规模的垄断组织和跨国公司等形式对生产资料私有制的实现形式和企业的管理方式进行了不同程度的调整。加强国家对经济的干预和调控，建立保障中下阶层利益的社会福利和保障制度，以缓和资本主义所面临的严重困难和危机。西方一些左翼学者认为，在马克思去世后的一个多世纪里，工业化国家推行了一些提高工人生活水平的改革，实行劳动法、最低工资法、福利经济、公共卫生体制、遗产税、累进所得税等，《共产党宣言》所规定的无产阶级取得政权以后要采取的十项措施中，已有一半左右在发达资本主义国家中或多或少地实现了，要是没有这些改革，很难想象资本主义还会继续存在。德鲁克还断言："如果按照马克思下的定义，社会主义被界定为生产手段雇员所有制，那么美国已成为最'社会主义'的国家——同时仍然也是最'资本主义'的国家。"

与此同时，新科技革命的兴起提高了西方国家的劳动生产率，改变了西方国家的产业结构、就业结构，促进了生产社会化程度的提高，推动了垄断资本主义发生深刻的变革，在客观上维持了当代资本主义社会的稳定和发展，延长了资本主义的寿命。

社会主义和资本主义长期共存的另一个原因就是社会主义在资本主义的外围首先发展起来，这和马克思等人关于未来社会主义革命的设想是不一致的。虽然历史地看，当时具体的国际国内环境具备了发生社会主义革命的条件，社会主义革命在资本主义最薄弱的链条上发生是有其客观历史根据的。那些认为社会主义是"早产儿"，甚至是"历史的怪胎"的观点是根本错误的。列宁的帝国主义理论为科学回答这一问题奠定了基础。但是，由于社会主义革命在资本主义最薄弱的链条上首先发生，故对于资本主义的核心地区不能产生根本动摇，也不能产生"多米诺骨牌"式的连锁反应。这表明，社会主义不可能通过一系列不间断的暴力革命来推翻资本主义，社会主义必须要长期与资本主义共存，并努力在建设的环境中实现竞争，积累力量以超越资本主义，这必将是一个相当漫长的历史过程。

3."两个决裂"：社会主义要练好内功

理解了前面的"两个必然"和"两个决不会"，有人可能会问：照这么说，社会主义一时赢不了，资本主义一时也死不了，那社会主义该怎么做，才能让资本主义死得快一点？

针对这个问题，《共产党宣言》提出了"两个决裂"的思想。什么是"两个决裂"？共产主义革命，一方面要和生产资料私有制决裂，另一方面要和私有观念决裂。这就为共产主义革命指明了方向，越朝着这个方向努力，资本主义就死得越快。

第一个决裂是要和生产资料私有制进行决裂。在马克思和恩格斯看来，原始社会之后的一切剥削社会的历史，都是建立在生产资料私有制的基础之上的，都是一部分人剥削另一部分人的历史。在资本主义社会，生产资料的私有制是无产阶级受剥削、受压迫的根源所在，只有无产阶级首先夺取国家政权，用生产资料公有制取代私有制，才能解放自己。宣言中讲得很明确，共产党人可以把自己的理论概括成一句话——消灭私有制。私有制一天没有被消灭，共产党的历史任务就一天没有完成，共产党就仍然是一个带有革命色彩的政党。

第二个决裂是要跟传统的私有观念进行决裂。因为私有观念是一种社会意识，只要是社会意识，它的变动就会有某种滞后性。因此，即使私有制被消灭了，私有观念却还会在一定历史范围、一定时期内存在。更何况，在社会主义初级阶段，还需要发展非公有制经济，这就更需要我们对私有观念保持清醒的认识，做好意识形态方面的引导工作。

总之，在社会主义和资本主义共存的条件下，社会主义不但需要学习和借鉴资本主义的一切文明成果，而且必须以消灭私有制以及与私有制相适应的意识形态为根本历史任务，从而为彻底消灭资本主义创造条件，积蓄力量。

4."两个组成"：社会主义通往必胜之路的桥和船

"消灭私有制"，这是工人阶级的一个大目标，但是通向这个大目标的桥和船在哪里？《共产党宣言》还有"两个组成"的论断，就是桥和船。"两个组成"是哪两个？无产者先是组织成为阶级，然后组织成为政党，由共产党领导无产者进行社会主义革命。

列宁曾经做过这样的概括：**群众是划分为阶级的，阶级通常是由政党来领导，政党通常是由最有威信、最有影响、最有经验、被选出担任最重要职务而称为领袖的人们所组成**

的比较稳定的集团来主持。共产党的历史使命就在于，带领无产阶级消灭私有制，而要消灭私有制，就必须通过无产阶级专政。

大家不要一听"专政"就有情绪。国家本质上就是阶级压迫的工具，资本主义国家就是资产阶级压迫无产阶级的工具。而为了解放无产阶级，就必须由共产党带领无产阶级夺取政权，进行无产阶级专政。无产阶级专政也是一种新型的国家形式，同时具有公共服务和政治统治两种职能。但是，无产阶级专政和其他阶级专政的不同之处在于，无产阶级专政的公共服务职能会逐步扩大，而政治统治职能，其范围和作用会逐步缩小和减少。马克思把这个过程叫做公共权力的历史性回归，从高居于社会之上，重新回到社会之中。当公共权力彻底回归到社会之后，国家就消亡了，那个时候，人类才真正站在了共产主义的门口。当然，这是一个漫长的历史过程，也是一个曲折的历史过程，在这个过程里面，必须有共产党的领导，必须有千千万万共产党员前仆后继。

二、马克思主义过时了吗？

近年来，我国意识形态领域呈现新的复杂局面，在马克思主义占主导地位的同时，社会思想意识日趋多元多样多变，一元多样的态势正在显现。马克思主义作为我们党治国理政的根本指导思想，与多种社会思潮、多个舆论场、多个话语体系并存，其真理性和科学性受到了质疑和挑战。有人认为马克思主义已经过时了，甚至有人认为马克思主义就是论证共产党执政合法性的意识形态，不具有真理性和科学性，把马克思主义的意识形态性与学术性相对立，在有的领域中，马克思主义被边缘化、空泛化、标签化，甚至被污名化的现象较为突出。马克思主义在一些学科中"失语"、教材中"失踪"、论坛上"失声"。马克思主义是不是真的过时了？

实际上，马克思主义诞生一百多年来，经受住了来自方方面面的质疑和批判，而且愈加散发出真理的光芒。2018年是马克思诞辰200周年。多年来，一些人使出浑身解数试图证明马克思"已过时"，却令马克思的"未过时"不证自明。马克思的理论总是"被过时",恰恰证明马克思主义"没过时"。列宁曾经精辟地指出,资产阶级学者"曾经一百次、一千次地宣告唯物主义已被驳倒,可是直到现在,他们还在一百零一次、一千零一次地继续驳斥它。"萨特曾经指出,马克思主义之所以没有过时,是因为马克思主义存在的历史条件仍然存在。尽管当今世界发生了重大变化,时代也出现了阶段性变化,但人类社会发展的必然趋势没有变化,资本主义社会的固有弊端与内在矛盾并没有消除,工人阶级的任务没有改变,人的自由而全面的解放使命没有终结,今日的人类社会依然处于工人阶级不断实现其历史使命的大时代中。

我们不妨先来看看国际学术大咖们怎么评说马克思主义。

1. 大咖们怎么评价马克思主义?

著名的经济史学家、诺贝尔经济学奖获得者约翰·希克斯就力挺马克思的分析方法。他说,大多数想要弄清历史一般过程的人,都会使用马克思的历史唯物主义分析方法,或者这种分析方法的某种修订形式,因为除了历史唯物主义,你找不到其他分析方法。换句话说,在人类社会史研究领域,你要是不用历史唯物主义,话都说不全乎,更写不了什么有深度的文章。

法国的德里达是著名的哲学家，解构主义的代表人物。德里达并不是马克思主义者，但在苏东剧变后，当反对马克思主义的声浪甚嚣尘上的时候，他却毅然举起了捍卫马克思的大旗，一再强调："我挑了一个好时候向马克思致敬。"德里达在《马克思的幽灵》中指出：不能没有马克思，没有马克思，没有对马克思的回忆，没有马克思的遗产，也就没有将来。

美国的詹姆逊是著名的马克思主义批评家和理论家。詹姆逊一向以马克思主义者自居。在苏东剧变以后，他更加坚定、更加自觉地站到马克思主义立场上。他说："我同马克思的联系出于兴趣。"詹姆逊在《论现实存在的马克思主义》一书中讲到，马克思主义是关于资本主义内在矛盾的科学，这意味着，庆贺资本主义市场体系决定性胜利的做法是不合逻辑的，庆贺马克思主义的死亡正像庆贺资本主义的胜利一样是不能自圆其说的。

德国的哈贝马斯生于 1929 年，任德国海德堡大学、法兰克福大学哲学教授。哈贝马斯是当代西方重要的理论社会学家、哲学家。哈贝马斯早年曾受苏联模式的马克思主义影响，后来又作为法兰克福学派的重要代表人物与非马克思主义者展开论战，但在形成自己理论的过程中对马克思主义产生了一些误解，在苏东剧变后重新致力于马克思主义的研究，并向世人宣布:"我仍然是马克思主义者。"

安东尼·吉登斯 1938 年生于英国。他是当代最重要的社会学家、思想家之一,曾提出"第三条道路"、"全球化"、"乌托邦现实主义"等重要理论,被媒体称为英国前首相布莱尔的精神导师。吉登斯作为社会理论家,生前始终坚持对马克思主义进行研究,在苏东剧变后,他说:"虽然不再时髦,但我仍看重马克思。"

法国的德里达、美国的詹姆逊、德国的哈贝马斯、英国的吉登斯等这些国际学术大咖有一个共同点——在共产主义运动处于低潮、马克思主义受到冷落的时候,他们却明确地指出马克思主义的当代价值。这充分地说明,马克思主义依然活着。

2. 真理性——马克思主义不老的秘密

在 19 世纪末期,欧洲曾有一批资产阶级学者试图发起一场理论上的"十字军东征","围剿"马克思的《资本论》,但他们最终铩羽而归,不得不慨叹道:"从立场上批判马克思容易,从理论上否定马克思很难。"法国著名哲学家萨特曾写过著名的《辩证理性批判》,旨在以"人学辩证法"代替"唯物辩证法",但到晚年却向学生忠告:马克思是一座不可被超越的思想高峰。从 1999 年开始，英国曾组织过三次"千年思想家"的评选，马克思都是位居第一。为什么从理论上否定马克思很难？为什么马克思从未被超越？为什么马克思总是位居第一？是马克思主义理论的无懈可击，是马克思主义逻辑的不可辩驳，是马克思主义真理的颠扑不破。科学性、阶级性、实践性和创新性是马克思主义的基本特征，马克思主义的真理性就体现为科学性与革命性、历史与现实、理论与实践的内在统一。实践也证明，无论时代如何变迁、科学如何进步，马克思主义依然显示出科学思想的伟力，依然占据着真理和道义的制高点。

马克思主义经典作家眼界广阔、知识丰富，马克思主义理论体系和知识体系博大精深，涉及自然界、人类社会、人类思维各个领域，涉及历史、经济、政治、文化、社会、生态、科技、军事、党建等各个方面。马克思主义经典作家从基本事实出发，将事物运动的规律作为研究对象，以实践作为检验理论科学性的标准，以实现人的自由而全面的发展和全人类解放为己任，构建起严谨完整的真理体系。列宁曾经说过："沿着马克思的理论的道路前进，我们将愈来愈接近客观真理（但决不会穷尽它）；而沿着任何其他的道路前进，除了混乱和谬误之外，我们什么也得不到。"

马克思主义深刻揭示了自然界、人类社会、人类思维发展的普遍规律，揭示了事物的本质、内在联系及发展规律，指明了人类社会必然走上社会主义和共产主义大道的必然规律。

邓小平同志深刻指出："我坚信，世界上赞成马克思主义的人会多起来的，因为马克思主义是科学。"马克思主义的真理性首先体现为科学性。马克思主义是真科学、大学问，而不是假标签、空口号。马克思主义以事实为依据、以规律为研究对象、以实践为检验标准，包含着科学的本质要素，是名副其实的科学。马克思主义把"一切从实际出发"作为方法论的首要命题，从整体上、联系中把握事实，深刻揭示了人类社会历史发展的基本规律，指明了人类社会必然要走上社会主义和共产主义大道的必然规律。

马克思主义哲学划时代的贡献就在于改造了黑格尔的唯心主义辩证法，把唯物主义与辩证法结合起来，完成了辩证法革命，建立了最彻底最完备的辩证法形态——唯物辩证法。恩格斯指出："**辩证法不过是关于自然界、人类社会和思维的运动和发展的普遍规律的科学。**"马克思主义坚持辩证唯物主义和历史唯物主义的世界观和方法论，用生产力和生产关系、经济基础和上层建筑的矛盾运动来解释人类历史的发展变化，把生产力作为推动社会前进最活跃、最革命、最根本的力量，正因为如此，美国学者海尔布隆纳在他的著作《马克思主义：赞成与反对》中表示，要探索人类社会发展前景，必须向马克思求教，人类社会至今仍然生活在马克思所阐明的发展规律之中。

马克思主义坚持实现人民解放、维护人民利益的立场，以实现人的自由而全面的发展和全人类解放为己任，反映了人类对理想社会的美好憧憬。

马克思主义不仅是基于自然规律和社会规律的一种真理性学说，也是立足于工人阶级及广大劳动人民的根本利益，以实现全人类的彻底解放和人的自由全面发展为宗旨的价值体系。有人会因为马克思主义的无产阶级立场，而质疑马克思主义的科学性。而恩格斯明确回应说："**科学愈是毫无顾忌和大公无私，它就愈加符合工人的利益和愿望。**"马克思以前的众多哲学都自觉不自觉地把自己视为一切人的哲学，其实透过言不由衷的普适呓语，不过是有闲阶级、剥削阶级的遮羞布和兴奋剂罢了。既然社会有了阶级，有了分化，就不能掩耳盗铃地认为猫鼠能同心。马克思主义哲学旗帜鲜明地把自己当作工人阶级和劳动人民认识世界的科学方法论、改造世界的强大思想武器，符合了最广大人民群众的根本利益。

可以说，马克思主义坚持实现人民解放、维护人民利益的立场和致力于实现人的自由而全面的发展和全人类解放的目标本身就是马克思主义真理性的重要体现。

马克思主义具有鲜明的实践品格，不仅致力于科学"解释世界"，而且致力于积极"改变世界"，是"伟大的认识工具"，是人们观察世界、分析问题、解决问题，批判旧世界，创造新世界的有力思想武器。

马克思主义认为，人类的认识过程是在实践的基础上从感性认识到理性认识，又从理性认识到革命实践的能动的辩证发展过程，是实践、认识、再实践、再认识的一个循环往复、不断深化上升的过程。马克思主义认识论把实践观点引入认识论，把实践作为认识的基础，把辩证法应用于认识论，科学地揭示了认识的辩证发展过程，排除了唯物主义在认识论上的直观性，既坚持了唯物论，又坚持了辩证法，实现了认识论与唯物论、辩证法的统一，实现了认识论的伟大变革。马克思主义认识论为人们指出了通往真理、认识世界、改造世界的科学路径。

解放思想、实事求是、与时俱进，是马克思主义活的灵魂，是我们适应新形势、认识新事物、完成新任务的根本思想武器。马克思主义基本原理是普遍真理，具有永恒的思想价值，但马克思主义经典作家并没有穷尽真理，而是不断为寻求真理和发展真理开辟道路。必须坚持马克思主义的发展观点，坚持实践是检验真理的唯一标准，清醒认识世情、国情、党情的变和不变，锐意进取，大胆探索，不断有所发现、有所创造、有所前进，不断开辟马克思主义中国化新境界，让 21 世纪中国马克思主义、当代中国马克思主义放射出更加灿烂的真理光芒。

三、共产主义既是信仰，又是现实

1. 人为什么要有信仰？

过去很长的时间里，共产主义信仰不是问题。人们熟悉一个故事，邓小平和女儿毛毛的一段对话。毛毛问邓小平："长征的时候你做什么？"邓小平回答："跟着走！"毛毛接着问："跟谁走？"邓小平又答："跟共产主义信仰走。"这一问一答对那一辈人来说是个几近无意识的反应，却又是个深入骨髓与血脉的命题，但在当下已然成为让诸多青年觉得困惑不解的思想疑云。

人为什么要有信仰？有一个段子说，保安都是哲学家，因为他会问你三个问题：你是谁？你从哪里来？到哪里去？古希腊神庙有句格言："认识你自己。"其实，信仰解决的就是生死问题、价值问题、"人为什么活着"的问题。人类无限的认识过程，就是意义与价值的发现与产生过程。由于宗教着力于这样的根本问题，所以伏尔泰说："没有上帝也要造出一个上帝来。"共产主义信仰解决的根本问题也是意义和价

值。习近平总书记提出："学习雷锋的幸福感！"这显然不仅
仅是倡导人们学习英雄模范，而是希望由雷锋去引发人们思
考与践行人生的终极命题：如何实现人生的价值。

2. 被误读的共产主义

关于"共产主义"，世人误解颇多。第一个误解就是很
多人眼中的共产主义就是"一大二公"、"禁欲主义"。很多
人连共产主义的"产"是"财产"还是"生产资料"都不清
楚，就先入为主地对共产主义存有偏见。共产主义的"产"
是生产资料而非财产。

还有很多人将共产主义误解为桃花源、乌托邦。有人会
问："共产主义还有社会矛盾么？"其实，矛盾无时不在无处
不有，共产主义也是有社会矛盾的，共产主义只是消灭了私
有制和剥削，但没有消灭矛盾。

还有一些关于共产主义的技术性问题，比方说，1922 年，
经济学家米瑟斯在著作《社会主义》里曾提出一个有趣的问
题：未来共产主义社会谁来干最苦做累的活？这个问题其实
考茨基曾经提过，当时就难倒了一批空想社会主义好汉。空
想社会主义理论家莫尔回答说未来社会让奴隶干最苦最累的
活儿，考茨基说别逗了，要是还有奴隶存在怎么能是科学社

会主义了呢？傅立叶说，那就让儿童干，儿童最喜欢脏，尤其是男童最喜欢在泥里打滚了，干脆让儿童组成个儿童团，既可以满足他们的天性，还可以干各种脏活，考茨基很无语。还有人回答说，那就让妇女干。真是越回答越离谱了。其实，未来社会脏活累活谁来干？当然是科学技术。共产主义社会追求创新发展，尤其科技创新。手工磨产生了封建社会，蒸汽磨产生了资本主义社会，那共产主义呢？最近还有文章提出，互联网技术发展到下一个阶段，按需分配可以实现，未来只有你想不到没有你做不到的，一切皆有可能。

事实上，共产主义正在变为现实。在马克思看来，社会主义和共产主义是一个社会形态，二者是同义词。社会主义是共产主义的第一个台阶，也是第一个阶段，以按劳分配为重要特征，而共产主义是第二个阶段，也是高级阶段，以按需分配为重要特征。社会主义（包括社会主义初级阶段）的建立就是共产主义开始变为现实的重要标志。

3. 什么才是真正的共产主义？

共产主义是我们的远大理想，是我们的最高纲领。共产主义理想，以历史唯物主义所揭示的社会发展规律为基础，是体现无产阶级的根本利益和历史使命的关于代替资本主义的未来美好社会的最高理想，是科学而崇高的社会理想。这一伟大理想旨在生产力高度发展的基础上消灭三大差别，消灭一切阶级剥削和压迫，实现人们自由而全面发展的共产主义，具有无比的崇高性、正义性和神圣性。共产主义社会，将是物质财富极大丰富，人民精神境界极大提高，每个人自由而全面发展的社会。

"共产主义对我们来说不是应当确立的状况，不是现实应当与之相适应的理想。我们所称为共产主义的是那种消灭现存状况的现实的运动。这个运动的条件是由现有的前提产生的。"简单地说，共产主义不是一个业已设定好的完美社会，然后大家一齐朝之迈进，如果真是那样，共产主义就是宗教，就是煽动，其影响也无异于太平天国的"大同社会"。真正的共产主义是一种现实的运动，它以消灭私有制为己任。马克思也告诉大家私有制造成了人的异化，资本横行，工人赤贫。而共产主义就是消灭私有制，实现私有财产即人的自我异化的积极扬弃。马克思主义哲学之所以能与其他形形色色的哲学相区分，在哲学流派中傲视群雄，正是因为马克思主义哲学不是什么深藏于书斋中供几个思想精英把玩的语言游戏、逻辑游戏，马克思主义哲学不是什么文化鉴赏品，不是个人独白，而是改变现实的思想武器，是力量的理论指导。

忘记远大理想而只顾眼前，就会失去前进方向。然而，我们必须看到，共产主义只有在社会主义社会充分发展和高度发达的基础上才能实现，江泽民同志曾经指出："实现共产主义是一个非常漫长的历史过程。过去，我们对这个问题的认识比较肤浅、简单。经过这么多年的实践，现在，我们对这个问题的认识要全面和深刻得多了。我们对社会未来发展的方向可以做出科学上的预见，但未来的事情具体如何发展，应该由未来的实践去回答。我们要坚持正确的前进方向，但不可能也不必要去对遥远的未来作具体的设想和描绘。以往的经验教训已充分说明，这样做很容易陷入不切实际的空想。"因此，"在革命、建设和改革的各个历史阶段中，我们党既有每个阶段的基本纲领即最低纲领，也有确定长远奋斗目标的最高纲领。我们是最低纲领与最高纲领的统一论者。"在社会主义初级阶段，在全面实现小康社会的新时期，中国梦所代表的中国理想，以国家富强、民族振兴和人民幸福为主要目标，蕴涵了社会主义的本质要求和共产主义的基本因子，就是我们的最低纲领，指引着我们前进的方向。

当然，要实现共产主义，人民无法自己解放自己，他们需要先锋队。人民限于自身资源、实力、教育程度，需要有先锋队去发动他们的力量，需要有先锋队去指引他们道路，需要有先锋队带领他们走向解放。这个先锋队，就是无产阶级政党。

马上学习

习近平总书记强调，马克思主义是我们党的指导思想，共产主义是我们党的远大理想。没有马克思主义信仰、共产主义理想，就没有中国共产党，就没有中国特色社会主义。习近平总书记在主持起草党的十八大报告时，专门要求写了这样一段话："对马克思主义的信仰，对社会主义和共产主义的信念，是共产党人的政治灵魂，是共产党人经受住任何考验的精神支柱。"

习近平总书记指出："我们干事业不能忘本忘祖、忘记初心。我们共产党人的本，就是对马克思主义的信仰，对中国特色社会主义和共产主义的信念，对党和人民的忠诚。我们要固的本，就是坚定这份信仰、坚定这份信念、坚定这份忠诚。世界社会主义实践的曲折历程告诉我们，马克思主义政党一旦放弃马克思主义信仰、社会主义和共产主义信念，就会土崩瓦解。共产党人如果没有信仰、没有理想，或信仰、理想不坚定，精神上就会'缺钙'，就会得'软骨病'，就必然导致政治上变质、经济上贪婪、道德上堕落、生活上腐化。"

习近平总书记曾强调："共产主义决不是'土豆烧牛肉'那么简单，不可能唾手可得、一蹴而就，但我们不能因为实现共产主义理想是一个漫长的过程，就认为那是虚无缥缈的海市蜃楼，就不去做一个忠诚的共产党员。革命理想高于天。实现共产主义是我们共产党人的最高理想，而这个最高理想是需要一代又一代人接力奋斗的。如果大家都觉得这是看不见摸不着的东西，没有必要为之奋斗和牺牲，那共产主义就真的永远实现不了了。我们现在坚持和发展中国特色社会主义，就是向着最高理想所进行的实实在在努力。"

腾讯视频

百度网盘

音频

第七章

痛并快乐着！

　　流亡伦敦掀开了马克思一家苦难生活的序幕，穷困、病痛、夭折、监视、谣言充斥着这个家庭的每个角落。什么样的穷困生活，让"当铺"成为马克思孩子们童年的深刻记忆？在那些艰难的日子里，恩格斯伸出了无私的援助之手，成为透过阴霾照到这个家庭上的一缕温暖阳光。从书房奔赴战场，马克思怎样把《新莱茵报》编辑部打造成一座货真价实的战斗堡垒？一袭睡衣、一根雪茄、一把手枪，马克思的战斗力强大到你不敢想象。"富贵不能淫，贫贱不能移，威武不能屈，此之谓大丈夫！"

一、马克思之痛

1. 名副其实的世界公民

1845 年 12 月，普鲁士政府剥夺了马克思的国籍。从那一刻开始，马克思开始了长达三十八年没有国籍的生活，直到去世。

因为当时西欧各国，资产阶级掌握着国家政权，而马克思所从事的共产主义事业就是要无产阶级去推翻资产阶级的统治，所以必然使得一切反动势力惧怕他、诅咒他、驱逐他。马克思不得不携家带口四处转移，其生活困难有时达到难以想象的地步。

在反动统治者的迫害下，马克思不得不离开自己的祖国，终生漂泊在异国他乡。各国政府像害怕瘟疫一样害怕马克思，相继把他驱逐出自己的国土。

"我是世界公民。"这是马克思的名言，也是马克思革命流亡生涯的真实写照。

马克思的流亡生涯，开始于 1843 年。自从他被迫卸任

《莱茵报》主编以来，马克思就带着一家老小选择了一条艰难的人生旅途：长达四十年的流亡之路，四十年的辛苦劳碌，四十年的贫困和付出。普鲁士政府、法国政府、比利时政府以及普鲁士科隆当局的驱逐令，和马克思如影随形，他们一家所租住房屋的房东们也充当政府的帮凶，伙同警察强行将马克思家的行李家具扔到大街上，强迫他们搬离。在马克思一家被驱逐出布鲁塞尔的时候，当地警察先是带走了马克思，随后以身份证问题为由，把燕妮也抓进监狱，而且还把她和一个"狂暴的疯子"关在同一间牢房里。马克思一家在这其中受到的委屈，想来就令人感慨不已。最后，马克思拖家带口，流亡到伦敦，总算是有了一个落脚的地方，并在伦敦一直待到了生命结束。

频繁的搬家，让马克思本来就拮据的生活更加困难，每一次被驱逐，都让预交的房租化为泡影，而且还不得不去当铺典当更多的东西，来预支新的房租。很多次，马克思在给朋友的信中写到，"我妻子的首饰又进了当铺，因为除此之外，我们无法筹到钱来租新的住处"。

2. 七个孩子夭折四个

干革命，办报纸，最后倾家荡产，家里的孩子们也跟着遭罪。光吃苦受穷还不要紧，可怜的是有几个幼小的孩子经受不住这种苦日子的煎熬，几年之内，就接连夭折了。

在伦敦的头几年，马克思的孩子都相继出生了。孩子的到来让这个已经很困难的家庭更喘不上气了。

关于那个时候的穷困，燕妮在一封信中这样写道："我们的女房东来了……要我们付给她五英镑的欠款，由于我们手头没有钱，于是来了两个法警，将我不多的家当——床铺衣物等——甚至连我那可怜的孩子的摇篮以及眼泪汪汪地站在旁边的女孩们的比较好的玩具都查封了。他们威胁说两个钟头以后要把全部家当拿走。……第二天我们必须离开这个房子。天气寒冷，阴暗，下着雨。我的丈夫在为我们寻找住处，但是他一说有四个孩子，谁也不愿意收留我们。最后有一位朋友帮了我们的忙，我们付清了房租，我很快把自己的床卖掉，以便偿付药房、面包铺、肉铺、牛奶铺的欠款，他们听说我被查封财产都吓坏了，突然一齐跑来向我要账。"

马克思在很多种情况下是出不了门的，因为他没有像样的裤子。马克思家的小孩最熟悉的地方不是游乐场而是当铺。但是孩

马克思的大女儿燕妮（1850年左右）

子们并不知道当铺是用来做什么的。他们只把去当铺的过程当作是唯一的户外活动。可爱的孩子们还给当铺起了一个名字叫 pop-house（流行小屋）。在英国的当铺门前会有挂小球的习惯，就像是中国当铺的门口要挂"当"字牌子一样。在孩子的眼中门前带小球的地方也许就等于游乐场。

也许马克思的孩子们只是想这样简简单单地活在自己的小快乐当中就好。再困难的生活孩子们也总是能自得其乐的。但是悲惨的境遇并没有放过这已经濒临绝望的一家。1850年，刚满一周岁的亨利希·吉多夭折了。儿子的离开让燕妮悲痛欲绝，她写道："我是多么伤心，失掉的孩子让我体会到了从未有过的痛。那是我真没有想过后来我还会遭受到什么样的痛苦，我只觉得这次的痛苦是超过一切的。"四个月以后，马克思家中诞生了一个小女儿小弗兰西斯卡，女儿的出生给几近绝望的母亲带来了些许安慰，她又像从前那样精力充沛地照料孩子。然而没过多久，又一次巨大的打击落在了马克思一家人身上。刚满一岁的小弗兰西斯卡得了严重的支气管炎夭折了。孩子死时，正是马克思家境最困难的时候。那种境况是我们当下的每一位都无法想象的。家中连为孩子买棺材的钱都拿不出来，最后是燕妮向以前的熟人乞讨得来的。可怜的孩子是在去世后在家里躺了两三天才下葬的。燕妮后来回忆这段日子时写道："这个可爱的孩子在我们生活最困难的时候离开了我们。我们的德国朋友们这时候无力帮助我们……当时我迷惘地跑到一个住在附近、常来拜访我们的法国流亡者那里，乞求他接济我们。他同情地给了我两英镑。这样我才把我可怜孩子的小棺材钱付清了。我的小女儿出世时没有摇篮，死后也好久得不到安息的一席之地。"

艰苦的生活环境、低劣的饮食、繁杂的家务，尤其是一连串不幸事故的打击让燕妮的身体极其虚弱。这期间，燕妮又生了一个男孩。可是这个孩子并不是为这个家庭带来欢乐的，刚刚出生就死了。更大的打击接踵而来，马克思和燕妮最可爱的儿子、马克思的希望——埃德加尔也离开了他们。在小弗兰西斯卡夭折后不久，埃德加尔也突然患病。后来的病情时好时坏，拖了将近三年，病情突然加重。父母的一切照顾都无济于事。马克思在 1855 年 4 月 6 日写信通知恩格斯说："可怜的穆希（埃德加尔）已经不在世了。今天五六点钟的时候他在我的怀中睡着了（真正睡着了）。"马克思一生中经历了无数苦难，然而对他而言，所有的苦中最让他感到痛苦的就是埃德加尔的死。他在 4 月 12 日给恩格斯的信中说："亲爱的孩子曾使家中充满生气，是家中的灵魂，他死后，家中自然完全空虚了、冷清了。简直无法形容，我们怎能没有这个孩子。我已经遭受过各种不幸，但是只有现在我才懂得什么是真正的不幸。我感到自己完全支持不住了。幸而从埋葬他那天起我头痛得不得了，不能想，不能听，也不能看。"

这样的经历对于任何一对父母都是刻骨铭心的。燕妮后来在信中表达过这样的心情："我在这个昏暗的异地他乡埋下了我的四个孩子，我的悲痛永远不会消失，永远不会平息。这种伤痛是无法治愈的，它深深地埋在我的心底，不会消失，我的心也不会停止流血。"

3. 马克思穷成啥样？

马克思一家真正拮据的生活，得从他 1849 年流亡伦敦开始算起。和伦敦的困难生活相比，之前的困难那都不算什么。

他们一家刚到伦敦的时候，因为马克思没有固定的经济收入，只能找些便宜的小房子住，而且越搬越小。1850 年的春天，他们一家人搬进了狭小巷子里的一个住所。那里总共就三间房，厨房一间，有一间大屋作为全家人的起居室和马克思的工作室。后面的小屋是卧室。马克思、燕妮、女仆琳蘅，还有四个孩子，一家七口就挤在这个小房子里。起初连床都没有，有的人只能睡在地板上。人员拥挤，小孩又多，卫生环境极其恶劣。当时的马克思真的是穷困到了极点。马克思原来还打算靠发行报纸赚点钱，但这个希望也因为该报的查封而成为泡影。马克思一家债台高筑，欠房东的租金，欠店铺老板的肉钱、油钱、面包钱，有时还欠医生的诊疗费。

对于当时的状况马克思有过这样的描述：

"一个星期以来，我已达到非常痛苦的地步：因为外衣进了当铺，我不能再出门，因为不让赊账，我不能再吃肉。"

"医生，我过去不能请，现在也不能请，因为我没有买药的钱。八到十天以来，家里吃的是面包和土豆，今天是否能够弄到这些，还成问题。"

"债务自然大大增加，以致一切最必需的东西都送进了当铺，全家穿得破烂不堪，家里已经十天没有一文钱了。"

那个阶段马克思的身体状态也是非常糟糕的。

肺结核和肝病是马克思的家族遗传病，他后来得过痈这种病，就是身上长的一种恶性的脓疮。由于背部长痈的原因，他一坐下来就会引起肌肉拉伸，会非常疼，需要经常保持站立姿势。马克思晚年还患上了化脓性的汗腺炎和胸膜硬化。胸膜硬化让马克思经常咳嗽不止，恩格斯说，马克思的咳嗽到了他一咳嗽感觉胸腔要炸开的程度。

这些疾病让马克思痛苦不已，在他给恩格斯的信中说，即便是他最为痛恨的敌人，也不会希望人家落到如他一般的痛苦境地。

生活中的困难和疾病的折磨让这个家庭一次次走到绝境，绝境中恩格斯成了这一家人最大的支撑。他看到马克思的全家处于十分困苦的境地，他知道如果不经常给予马克思以资助，马克思将无法完成他的梦想。就这样，恩格斯决定以他全部力量帮助马克思全家，扮演起了一个马克思追梦道路上的清道夫。在二十年间，恩格斯一直在父亲所经营的"欧门—恩格斯"公司工作。我们前面提到过，恩格斯的父亲从小就给自己的儿子谋划了一条成长之路——子承父业，但是恩格斯始终不愿意去从事这样的工作，甚至把这样的工作称作"鬼商业"。后来他的改变不为别的，就是想每个月能有

马克思、恩格斯与马克思的三个女儿

较多的收入，可以帮助自己的兄弟马克思。也只有这样最直接的帮助才能让马克思一家免于挨饿，才能使他的朋友全力以赴地完成自己的伟大梦想。

马克思如若活在当下，那一定是个超级有钱人。且不说版税拿到手软，就随便状告几个出版社歪曲篡改侵犯版权或者状告几个作者出版的书籍侵犯了他的名誉，估计精神损失费就能让他老人家赚得钵满盆盈。可想象终归是想象，在现实生活中，马克思基本是穷死的，孩子生七个夭折四个，病了没钱看医生，死了没钱买棺材，一辈子穷酸落魄。马克思与恩格斯通信，聊世界历史，聊工人运动，谈德国哲学，谈人生理想，最后必然要笔锋一转："啊，亲爱的恩格斯，我最近预购××，请速寄××英镑。"

关于恩格斯经济援助马克思这一点，现在总是有人挑闲话，说马克思没什么本事，连养家糊口都解决不了。但是很多人不清楚，马克思的一生不是没有过奔小康的机会，只是他把机会拱手献给了工人阶级解放事业。欧洲1848年革命爆发，马克思与恩格斯并肩作战，创办《新莱茵报》，准备用笔杆子消灭敌人。谁知不久，报纸陷入财政危机，马克思立刻慷慨解囊，把自己最近的7000塔勒收入全部用来支持办报。7000塔勒是什么概念？当年马克思在《德法年鉴》的薪水是一年500塔勒，7000塔勒相当于十四年的工资了。那这7000塔勒怎么来的？遗产继承与亲友馈赠。那个时候，马克思从母亲那里，燕妮从他舅舅那里分别得到一笔遗产，再加上二人有不少土豪亲戚，比方说，大名鼎鼎的飞利浦公司，就是马克思的姨妈姨夫创办的。所以夫妻二人偶尔走亲串友，打个秋风，总会收到一些意外惊喜。只是当革命工作需要时，马克思会把自己的所得全部用来无偿献给无产阶级解放事业，然后自己继续过那种捉襟见肘、拆东墙补西墙的清贫日子。

4. 被诋毁之痛

为了人类的解放事业，马克思耗尽了生命，疏散了家财，同时也牺牲了家庭生活的安宁。如果说这种痛是马克思为了人类解放的事业而做出的自我选择，那么，还有一种痛是马克思的公敌们所热衷、马克思不得不面对的。诽谤和谣言不仅在马克思活着的时候形影相随，即便在他逝世之后仍旧挥散不去。有些谣言罔顾事实，以玷污马克思的人格为能事，在当前的互联网领域大肆传播，严重损害了马克思的光辉形象。其中比较有代表性的有：马克思在大学时加入了撒旦教、马克思在"野鸡大学"拿的博士学位，以及马克思有一个私生子。

马克思在大学时"新的神"是黑格尔，不是魔鬼撒旦

美国一名基督教牧师理查德·沃姆布兰德曾经写过大量的书，比如《马克思是一个撒旦教徒吗？》（*Was Karl Marx a Satanist?*），来论证马克思在大学时加入过撒旦教。中文网络界根据这些书，虚构出一篇所谓的《马克思的成魔之路》，也大肆鼓吹这一点。但其实，除了漫无边际的联想之外，这些人唯一能凭借的"证据"，只不过是马克思在大学时期写给父亲的一封信。根据《马克思的成魔之路》记述，马克思在给父亲的信中这样写道："一层外壳脱落了，我的众圣之圣已被迫离开，新的灵必须进驻进来。"作者由此一口咬定，这里所谓的"新的灵"就是指的魔鬼撒旦。中文读者如果不明就里的话，确实容易被这种邪乎的说法忽悠了。

但这不过是一种翻译的障眼法而已。同样的一封信，在中文版的《马克思恩格斯全集》中也可以找到，但翻译过来的味道却截然不同："帷幕降下来了，我最神圣的东西已经毁了，必须把新的神安置进去。我从理想主义……转而向现实本身去寻求思想。"很明显，所谓马克思转而信仰魔鬼撒旦，只不过是他青年时期的思想转折而已，而且是从"理想主义"转向"现实"。如果非要说这里的"新的神"是有所指的话，那就是指的黑格尔思想。但凡对马克思青年时期有些了解的人，都知道马克思大学时期有一个思想转折，从康德和费希特的追随者，转变为黑格尔的追随者。也正是在这个时期，马克思给他的父亲写了信，详细介绍了自己思想转变的过程。通观信件的上下文，完全可以明白马克思说的"新的神"到底指的是什么。在这里，"新的神"指的就是黑格尔。

而且，马克思大学时期是个著名的青年黑格尔派，他这个学术派别的小伙伴们个顶个的都是激进无神论者。难以想象马克思要是一个撒旦教徒的话，还能在这个派别有立足之地，甚至最后成为这个派别的领袖人物。因此，所谓马克思加入撒旦教的说法，只能蒙骗那些根本不读马克思，同时莫名其妙仇恨马克思的人。

耶拿大学是世界著名大学，不是"野鸡大学"

有的人在读了一点马克思的传记之后，发现马克思是在柏林大学读的书，但是博士学位却是耶拿大学授予的。这些人顿时欢呼雀跃，以为终于抓住了马克思的把柄，不经大脑思考就下论断：看，马克思不好好学习，在柏林大学拿不到博士学位，只能到耶拿大学这种"野鸡大学"去拿学位。

首先应该指出这些人的无知，不要觉得一个你没听说过的大学，就是"野鸡大学"。这里只需要提到一个牛人的评价就够了，歌德曾经称赞耶拿大学是德国"知识和科学的集散地"。至于耶拿大学的光辉历史和如今在科学领域的国际地位，百度一下就很容易弄清楚，这里无需赘言。

关于马克思为什么要在耶拿大学获得博士学位，耶拿大学校长的回答应该是足够权威了。2009 年，耶拿大学校长克劳斯·迪克教授在访华的时候，曾经专门就这个问题做过说明。

首先，这种异校获得博士学位的做法，在 19 世纪的普鲁士相当普遍，而且政府也认可这种做法。其次，马克思所属的青年黑格尔派在柏林大学处于被排挤的处境。青年黑格尔派的另一个代表人物布鲁诺·鲍威尔，就因为受到柏林大学学阀的排挤，不得不离开柏林大学，到波恩大学去任职，最后连波恩大学的教职也没保住。马克思博士论文的核心观点，恰恰是青年黑格尔派的"自我意识"概念，而且通篇有着强烈的无神论倾向。鲍威尔曾经提醒马克思，说这篇博士论文"火气太旺"，有可能在博士答辩的时候碰到麻烦。而马克思又不愿意修改自己的观点，所以最后选择去耶拿大学进行博士答辩。最后，马克思博士论文主题是伊壁鸠鲁的自然哲学理论，而耶拿大学有一位研究伊壁鸠鲁的学术权威，这也是促使马克思把博士论文放到耶拿大学进行答辩的一个因素。

恶劣的谣言："马克思有个私生子"

"马克思有个私生子"的谣言也被一些喜欢读野史、自以为是的人散播。散布这个谣言的代表人物是西方学术界赫赫有名的马克思传记作家戴维·麦克莱伦。但是，一个观点的可信度，与这个观点提出者的名气，并没有必然联系，而是与观点的证据有必然联系，"有一分证据说一分话"。"马克思有个私生子"这个观点，主要有两大证据，一是恩格斯的女秘书路易莎写于1898年9月2日的一封信，信里宣称，恩格斯临终之前透露说，马克思和女仆琳蘅有个名叫弗雷迪的私生子。二是在私生子弗雷迪1851年出生前后，马克思和燕妮有些抱怨谣言的信件，而这些谣言被认为和私生子有关。

我们可以通过大量文献和调查证明："马克思有个私生

子"是恶劣的谣言。

"私生子"谣言的所谓"证据"之一

——路易莎的信

路易莎空口无凭，她要想取信于人，必须得提供相关的物证和人证。根据路易莎的说法，马、恩在弗雷迪 1851 年出生前后曾经通信谈论过私生子问题，而且她也见到过那封信，这就是最可靠的物证。路易莎于 1890 年到恩格斯家当秘书，她看到信的时间应该在 1890 年以后，屈指算起来，恩格斯把那封信保留了四十年之久，想必是为私生子的身世保存一份证据。正当路易莎故事的读者们，望眼欲穿希望路易莎能拿出马、恩的通信平服人心的时候，路易莎轻飘飘一句话"信已经被将军销毁了"，将正要迎来高潮的故事匆匆煞尾。那马、恩到底有没有这样一封通信呢？实在不好说。

既然没有物证，有人证也可以。根据路易莎的说法，知道马克思和弗雷迪之间父子关系的人，还有爱琳娜、穆尔、弗赖贝格尔、列斯纳和普芬德等五个人，这五个人也可以做可靠的人证。但是，普芬德 1876 年去世的时候，路易莎（1860—1950）还是个十六岁的小姑娘，很难想象路易莎是怎么知道普芬德也是知道此事的。而爱琳娜 1898 年初就自杀身亡，路易莎同年 9 月 2 日写信揭露此事的时候，爱琳娜已经去世大半年了，可谓死无对证。其他如穆尔、弗赖贝格尔和列斯纳，也都没有相关进一步的证言。这下连人证也没有了。此外，在路易莎讲的故事里，有一个和恩格斯关系很密切的人被忽略了，这个人就是爱德华·伯恩施坦。伯恩施坦是恩格斯遗嘱的执行人，和恩格斯来往非常密切。他在听到路易莎讲的故事之后，直截了当地说路易莎在胡说八道。路易莎的前夫考茨基对于前妻这个说法，也评价了一句"异想天开"。

很明显，路易莎既没有物证也没有人证，所谓马克思有个私生子的说法只是她一面之词，有学者就说这是个"高度幻想的产物"。

"私生子"谣言的所谓"证据"之二
——马克思和燕妮抱怨谣言的信件

在弗雷迪出生的 1851 年前后，马克思和燕妮确实说过他们正在被一些谣言攻击，但是没有一丁点的迹象说明，他们两个人是在谈论私生子问题。那就有专家，比如麦克莱伦，说马克思的相关书信经过审查，所有和私生子相关的信件都被删除了，因此马、恩的通信在这段时间出现了空白。这种说法听起来似乎很有道理。但是仔细去翻阅马克思的年谱，就会知道这段时间马克思和恩格斯两个人是在一起的，两个在一起的人需要写信吗？用用脑子好不好？

　　退一步说，就算马、恩关于私生子的通信被审查了，当时各国政府还派了很多间谍监视马克思的生活起居，这些监视报告大都结集出版，在这些堆积如山的报告中，也无法找到马克思和女仆偷情产子的线索。此外，马克思后人还有大量的家书也已经结集出版，在这些文献中，也找不到解开弗雷迪生父之谜的线索。所以，第二个证据，以及所谓的书信审查都纯属无稽之谈。

二、此之谓大丈夫

1. 贫贱不能移

确实，马克思有发财的机会，但是他最后还是选择了清贫的革命事业。马克思其实还有很多升官的机会，但这些机会同样被他随手扔到了垃圾堆里。

马克思并非没有才华，政府当局也并非没有给马克思伸出过橄榄枝。实际上，早在马克思主编《莱茵报》的时候，普鲁士政府就很欣赏马克思的才华。在马克思辞去《莱茵报》主编职务，回老家结婚的时候，普鲁士政府的特使就跑到马克思和燕妮的婚宴中，威逼利诱想"招安"马克思，把他拉回到体制内。但被马克思毫不犹豫地拒绝了。1867年，当马克思一家人在伦敦

俾斯麦

挨苦受穷的时候，普鲁士政府感到机会来了，俾斯麦首相派人接近马克思，希望劝说马克思能用自己的才华为德国人民"谋福利"。但是，马克思又毫不犹豫地打发了那个前来招安的人。因为马克思曾经很明确地说过："**我必须不惜任何代价走向自己的目标，不允许资产阶级社会把我变成制造金钱的机器。**"

因为选择不向反动势力低头，马克思及其家人不得不承受颠沛流离的生活；拒绝被优厚的物质利益所引诱，他们也就不得不忍受饥寒交迫的日子。对于很多人来说，升官发财是他们一辈子的梦想，但是对于马克思来说，"升官发财"是首先被排除在他的人生履历中的两项。即便是他在后来的穷困的日子里，也一直坚持自己的信念，这就是中国古人所说的"贫贱不能移"，此之谓大丈夫。

2. 威武不能屈

作为一个大丈夫，马克思还有"威武不能屈"的一面。

从老马的生命轨迹中，我们能看得出来他是一个越挫越勇的人。用笔进行战斗成了他得心应手的事情。有这样的几个身份在他的身上同时存在：一位不辍学习的学者，一位坚持斗争的战士，一位不畏强权的勇士，一位给无产阶级革命指明道路的智者。他所面对的可不是我们现在纸上谈兵看到的这么不痛不痒。真正的斗争除了在他笔耕不辍中愈演愈烈外，越来越多与对手的直面对峙更是把一个人们眼中动动笔杆子的文人铸造成了一个坚韧的斗士。

1848 年年初，几乎就在马克思把《共产党宣言》手稿寄往伦敦的同时，欧洲发生了惊天动地的大事。欧洲爆发了大范围的革命，波及意大利、瑞士、德国等国。马克思和恩格斯随即加入到这场战斗当中。老马揣着由法国政府给的有效期一年的护照，以一个"外国人"的身份回到阔别六年的祖国。

《新莱茵报》

回到科隆，他们立即着手做了两件事情：筹办一家日报和建立一个全德工人党。为了强调这张报纸和马克思几年前主编过的《莱茵报》的联系，他们决定报纸的名字就叫《新莱茵报》。

为了把欧洲和德国革命中正在发生的一切真相和最重要的消息迅速报道出去，《新莱茵报》常常在一天中出两次报，材料多时就出增刊，有重大消息时就立即出版号外。《新莱茵报》就这样坚持了一年多的时间，要知道每一篇报道都直戳当局的脊梁骨，这哥儿俩也算是蛮拼的。

当时的局势那是非常紧张的。编辑部的作者们每天上班都跟上战场一样样，不光备着笔，还得配着枪，到了关键时刻那就得提起枪来干。当时编辑部里面有 8 支步枪和 250 发子弹，马克思也佩戴了手枪。

有一个故事说，有两个普鲁士的军官跑到马克思家里来，威胁马克思。事情的起因是《新莱茵报》发表了一篇文章，说有支军队通过走私军火发财。这支部队的两个军官认为这是诽谤，就跑来威胁马克思，让马克思把那篇文章作者的信息说出来。这两个军官说，他们部队的士兵都很愤怒，他俩现在还能暂时拦住那些愤怒的士兵，如果马克思不答应他俩的条件，他们恐怕就拦不住那些愤怒的士兵了，谁也不清楚愤怒的士兵会干出什么出格的事情。马克思回忆这件事的时候说，自己据理力争，首先声明文章不是他写的；其次报纸有权利发表这篇文章并保护作者，如有异议，双方可以走法律程序等。后来，那两位军官见达不到目的也就走了。但实际情况并不完全如此。关于这件事情，恩格斯说得更加详细，也更加生动。当时马克思见来了两个找茬儿的人，他是什么打扮呢？马克思当时穿了件睡衣出来，嘴里叼个雪茄，睡衣的口袋里露出了一支没有装子弹的手枪的枪柄。那两个军官威胁他的时候，马克思就摸摸那个枪柄，其实那两个军官最后是被老马吓跑了。

一年以后，《新莱茵报》被查封了，和《莱茵报》一样，马克思用红色字体印刷了最后一期，以示抗议。这份报纸的发行量很大。当时它大概拥有近六千个订户。六千个订户是个什么概念呢？在当时报纸最发达的英国，除《泰晤士报》外，订户最多的日报不会超过五千户。这一年，三十一岁的马克思被祖国作为外国人再次驱逐出境。革命和办报让他荡尽了家财。但是这并没有让马克思气馁，在红字印刷的最后一期《新莱茵报》中刊载的费来里格拉特的诗就能说明一切。其中的一段是这样的：

> 别了，但不是永别。
>
> 他们消灭不了我的精神，兄弟们。
>
> 当钟声一响，生命复临，我将立即披甲返程。

3. 马克思在大英博物馆留下脚印了吗？

马克思自从搬到伦敦之后，大部分时间都耗在了大英博物馆，总结 1848 年革命并且继续搞他的政治经济学研究。在大部分时间里，马克思是早上九点去大英博物馆看书，等晚上七点钟博物馆关门了才回家。有过在图书馆长期奋战经历

1848 年柏林革命

的同学应该知道，在这种情况下，我们一般都会选定固定的位置。现在大英博物馆就展示着一个座位，说这是马克思一直坐的位置。很多中国人到了大英博物馆，都会习惯性地往座位底下看，看有没有马克思留下的脚印。这样也难怪，国内的很多教材和读物中都介绍说，马克思由于读书非常用功，而且看书看得兴奋的时候，会用脚来回搓地面，这样就在座位底下留下了马克思的脚印。这种说法到底靠不靠谱呢？我们今天就来简单分析一下。

　　"脚印说"最早来源于中国著名的经济学家陶大镛先生。1949 年，陶先生发表了一篇文章——《我怎样学习政治经济学》。在这篇文章里，陶先生说他听说过一个故事，马克思在读书读得兴奋的时候，会来回搓脚，这样就把脚下的"水门汀"（水泥）给磨掉了一层，后来马克思死后脚印被填平了，但痕迹却依然可以看出来。博物馆的管理员也说确有此事。陶先生还专门到桌下去摸了摸，感觉到地面不那么光滑。于是，就出现了脚印的说法。

后来，这个说法被国内的各种报刊、语文教材和辅导读物所引用，慢慢就演变成各种版本，有的说马克思在桌子下面留下两个深深的脚印。说得好像马克思会少林寺的功夫大力金刚脚一样。这种说法不仅在国内广为流传，据说苏联共产党最后一任总书记戈尔巴乔夫去英国的时候，也曾问起脚印的事情。

首先，博物馆管理员的说法并不可信。因为陶先生去英国的时候，距马克思天天泡在博物馆已经有将近一百年的时间。博物馆管理员虽然在博物馆工作，但这个说法也是道听途说的，没有亲见。

其次，陶先生说感觉地面并不光滑，可能是个错觉。因为事情已经过去将近一百年了，博物馆的地板不可能一直不更换吧。而且，"二战"时期，纳粹德国曾经对伦敦实行大轰炸，博物馆也没有幸免于难。因此，陶先生当时摸到的不光滑的地面是否就是脚搓出来的，还难以确定。

从逻辑上来分析，这件事情也不太可能。在一个阅览室里,阅览桌总会有许多人坐在那里。即使不是马克思坐在那里,总有其他人坐在那里。脚踩的位置总是有人去摩擦的。如果按照这个逻辑的话,每一个桌子下面都应该有。但在现实中很难找到类似的现象。

这个说法大概是个误传。保尔·拉法格——马克思的二女婿,曾经在一篇回忆马克思的文章当中提到,马克思在繁重的工作之余,唯一的休息方式是在房间内来回走动,以至于在门与窗之间的地毯上踏出了一条痕迹,"就像穿过草地的一条小路一样"。拉法格的这个说法是比较靠谱的。是不是拉法格的这个说法,后来几经误传,传成了在图书馆的桌子下留下了脚印?这需要进一步的考证。

其实,"脚印说"无非是要证明马克思的勤奋刻苦,这一点无须"脚印说"就有大量的事例可以证明。何必纠结于是否在桌子下面有没有磨出脚印呢?马克思在写《资本论》时,曾经写信给他的一个朋友,道出了这本书写作的艰辛,"**我一直在坟墓的边缘徘徊。因此,我不得不利用我还能工作的每时每刻来完成我的著作,为了它,我已经牺牲了我的健康、幸福和家庭。**"

三、学习马克思能治玻璃心

1. 跟谁学一定不会抑郁？

在如此困苦生活的逼迫下，马克思也偶尔产生过消极的情绪，正如他自己说的那样，"人所具有的我无不具有"。他在给恩格斯的一封信中曾这样说："**我相信，您不会认为我是一个渴望得到别人赞扬的人。但是世人把某些人看得一无是处的那种冷漠态度，即使不使人悲痛欲绝，至少也让人心灰意懒。**"不过，就在同一封信的结尾，马克思似乎忘记了刚才的悲观，重新以昂扬的斗志和恩格斯讨论自己的著作和思想。马克思在困顿中并没有自怨自艾，而是永远保有革命乐观主义精神。马克思留给大家的形象也不是孱弱的、羸瘦的、掉入故纸堆的学者，而是富有力量的、目光深邃的革命导师。哲学家费希特曾经说过："你是什么样的人，你便选择什么样的哲学。"一个人的哲学会深刻地影响他的精神气质。

假如你毕业之际，正赶上失恋三十三天，毕业论文没写出来，更可怕的是工作也没找到。你窘迫得马上就要抑郁了，这时你碰巧翻了一本马克思的书，马克思语重心长地告诉你："**在科学上没有平坦的大道，只有不畏劳苦沿着陡峭山路攀登的人，才有希望达到光辉的顶点。**"他还告诉你，"**人的本质不是单个人所固有的抽象物，在其现实性上，它是一切社会关系的总和。**"你瞬时顿悟：你的社会关系被扭曲，被遮蔽了！于是你立刻变身为无产阶级美少年或美少女战士，代表月亮消灭抑郁！当然，如果你悲催地翻了一本叔本华的书，那抱歉，此刻你已成功抑郁了。如果你抑郁前翻了一本尼采的书，尼采会告诉你，人生就是一出华丽丽的埃斯库罗斯的悲剧，而强力意志就是生命力！要战斗，要权力！超人是大地之意义！于是你醍醐灌顶，红内裤外穿准备装奥特曼。马克思会呐喊："全世界无产者联合起来！"而尼采会咆哮："全世界小强们联合起来！"

2. 幸福是什么？

马克思的一生，痛并快乐着，这让我思考什么才是幸福。其实，幸福始终是充满缺陷的，就像马克思一生很穷困潦倒，从世俗意义上他没房没车，但是作为无产阶级革命导师，他能一生从事自己喜爱的事业，流亡路虽漫漫，却有燕妮红袖添灯、恩格斯常相伴，他的事业被无数人继承和发扬，他又

是幸福无比的。

有一本绘本书叫《失落的一角》，推荐一读。书上讲一个圆缺了一角，它一边唱着歌一边寻找那失落的一角。有的角太大，有的又太小，它漂洋过海，历经风吹雨打，终于找到了与自己最合适的那一角，它们组成完整的圆，但是圆却发现自己再也无法歌唱了，最后，它放弃了那一角，重新上路。在这个意义上，幸福是充满缺陷的，人间酸甜苦辣，皆是珍馐。

你看很多哲学家因为精神苦闷，容易抑郁，甚至自杀。笔者经常开玩笑说，学马克思的人不会抑郁，为什么呢？因为当你苦闷时，你不会离群索居，也不会宅在书斋，而会放眼望世界，看到广大群众需要理论指导，大千世界不完美依旧需要改造，全世界无产阶级需要联合起来，你的世界观便会豁然开朗，你的浑身便会充满力量。我们年轻人完全可以从马克思主义中汲取力量，治疗玻璃心。

此外，马克思的幸福观是什么呢？马克思在《资本论》中曾经指出，共产主义社会是"**一个更高级的、以每个个人的全面而自由的发展为基本原则的社会形式**"。不难看出，马克思的唯物主义始终将其理论追求与现实的共产主义运动的奋斗目标紧密地联系在一起，明确显示出旨在实现"人的自由全面发展"、"人类幸福的实现"的价值取向。实现人的自由全面发展也就是人获得属于人的真实幸福，在其现实的发展进程中，人对幸福的追求正是通过个人对人的社会特性的重新占有而实现的。**"代替那存在着阶级和阶级对立的资产阶级旧社会的，将是这样一个联合体，在那里，每个人的自由发展是一切人的自由发展的条件。"**

腾讯视频

百度网盘

音频（上）

音频（下）

第八章

马克思是个好医生

"任何杀不死你的东西，都会让你更强大"，马克思以一己之痛为代价，诊断出资本主义社会的病灶所在，《资本论》就是这样一份"诊断书"和"病危通知书"。一百多年前，马克思是欧洲政府当局眼中的"红色博士"，一百多年后，马克思仍然是我们这个时代最好的医生。苹果手机的世界利润链条里，隐藏了多少普通工人的血汗与屈辱，造就了多少全球顶级的富翁，《资本论》早就告诉我们答案。经济危机和社会冲突逐渐蔓延至世界各地，资本主义正在一步步走进自己的死胡同，历史的逻辑就在那里，不增不减。

一、《资本论》——工人阶级的圣经

随着本世纪初世界经济危机的持续蔓延，资本主义制度越来越受到广泛的社会质疑。在德国，马克思的《资本论》成为 2008 年圣诞节的最佳礼品，销量比往年增加两倍。当时的德国财长施泰因布吕克也在阅读《资本论》，这位在金融危机中焦头烂额、寝食不安的财长，已然成为马克思的"粉丝"。在美国金融危机爆发引起世界性经济危机和衰退时，西方一些国家的政要和资本家不得不压制住内心的厌恶和恐惧捧读《资本论》，就连罗马天主教会也不得不承认马克思批判资本主义有理。

《资本论》第一卷发表近 150 年来，资本主义世界发生了巨大变化，但是它并未过时。每当世界面临重大困境或遇到重大挫折时，马克思总会以新的方式重新登场，人们总是希望从《资本论》中寻找解决当下全球性问题的出路。华尔街金融危机的蔓延让对资本主义顶礼膜拜的人有机会审视和认识马克思主义的理论体系的科学性。《资本论》告诉我们，经济发展有着自己运行的规律，虽然资本主义在经济运行中可以人为地调和矛盾，但只能是治标而不能治本。华尔街金融危机的出现，充分地暴露了资本主义社会深层次的矛盾。这个事情有点像咱们去体检一样，谁要是发现身上有什么毛病总是要去找大夫才好解决。而咱们这位马大夫早在一百多年前就给资本主义这个"病人"下了"病危通知书"，只不过病人的家属们总是不愿意签字确认罢了。

在西方，即使马克思主义的反对者也承认马克思的思想力

Das Kapital.

Kritik der politischen Oekonomie.

Von

Karl Marx.

Erster Band.

Buch I: Der Produktionsprocess des Kapitals.

Hamburg
Verlag von Otto Meissner.
1867.
New-York: L. W. Schmidt, 24 Barclay-Street.

《资本论》

量，承认他是资本主义社会深刻的"病理学家"。眼下，当金融海啸席卷而来，资本主义生大病、打摆子之际，马克思这个好医生的思想受到社会更多更强烈的关注。

1. 价值增殖的奥秘在哪里？

如果说马克思是个人类社会的好医生，那《资本论》就是马克思给资本主义生产方式开出的一份"诊断书"和"病

危通知书"。为了开好这份"诊断书",从 1843 年开始,马克思就致力于经济学的研究,并在这条道路上走了整整四十年,最后走到《资本论》这个巅峰。即便是一百多年后,《资本论》仍然体现的是后人难以企及的高度。由于马克思身体的原因,以及这项工作的艰巨性,在马克思生前,《资本论》只出版了第一卷,第二、三卷由恩格斯帮助整理出版,第四卷《剩余价值学说史》由考茨基整理。现在,我们可以看到大量的材料说明马克思为这本书的写作付出了多么惊人的劳动,其中包括为了写出《资本论》,马克思还自学了数学,写过厚厚的《数学笔记》,就像马克思自己说的,"在科学上没有平坦的大道,只有不畏劳苦沿着陡峭山路攀登的人,才有希望达到光辉的顶点。"

我们常说,一花一世界,一叶一菩提。马克思正是从日常生活中最简单的商品当中,透视了整个资本主义的生产方式。从商品到货币,从货币到资本,1867 年出版的《资本论》第一卷分析了资本的生产过程,1885 年出版的第二卷揭示了资本的流通过程,1894 年出版的第三卷则揭示了资本主义生产的总过程。当马克思用唯物史观这把锋利的手术刀,用强大的逻辑力量,解剖资本主义社会的时候,它的经济结构就这样清晰地展现在世人眼前。

《资本论》最厉害的就是完整、系统、一针见血地揭示了资本主义剩余价值的秘密,这不但是资本家发家致富的秘密,也是工人受苦受累受穷的秘密。理论太深奥，咱们用 iPhone6 手机这个商品为例说明一下，资本主义外衣下的剥削究竟是怎么一回事。

iPhone6 手机是年轻人追逐的时尚，但是大家都知道苹果公司是不生产任何硬件的，甚至手机上的一个小螺丝钉也不生产。那么这个手机是怎么制造出来的呢？美国苹果公司提供一个设计方案，然后全球三十一个国家和地区的供应商提供原料和零件，最后由中国的工人组装起来。可以说，一部 iPhone6 手机诞生前先得绕地球走一圈，它是全球合作的产物。

那么，当一部苹果手机卖出去之后，苹果公司、全球各地的供应商、中国代工厂各自能拿多少钱呢？根据 2011 年美国加州大学的一份报告，一部苹果手机卖出后，苹果公司拿走手机售价的 58.5%，而中国的代工厂只拿走 1.8%。按照这个比例，假如一部 iPhone6 是 5000 元，那么苹果公司拿走 2925 元，而中国代工厂只拿走 90 元。而且，这 90 元中还要划出一大部分作为工厂主的利润，真正落到工人手里的就微乎其微了。2015 年，苹果公司的 CEO 蒂姆·库克的薪酬是 1028 万美元，而且这还不算他在苹果持有的 1% 股份，要知道苹果市值是 7000 亿美元，算下来蒂姆·库克的身家达到 70 多亿美元。而一个普通中国工人的收入是多少呢？

还是以某代工厂为例，该工厂普通工人的平均工资浮动于 2030—2450 元。而这个工资标准，是根据当地政府规定的最低工资标准来设定的，当地最低工资标准就是 2030 元。

基本工资不够怎么办？靠加班啊！该工厂工人加班也是出了名得多。从 2014 年 9 月到 2015 年 1 月，该工厂工人每月平均加班 44—72 小时，远高于劳动法律规定的 36 小时。甚至在有的厂区，工人每月加班能到 140 小时，什么概念呢？就是工人正常工作日每天加班 3 小时，周六日每天工作 11 个小时，全月无休。而每加一个小时班，工人能拿多少钱呢？正常工作日是每小时十几块钱，周末是二十多块钱。要是一个工人每月加 100 个小时的班，也就只能拿到 2000 元。这么低的收入，这么多的加班，难怪 2015 年全国总工会公开地批评该工厂长期违反劳动法，安排劳动者长时间加班，导致部分劳动者出现心理健康问题。

但是，还是有人提出这样的疑问：普通工人的生活境况固然很可怜，但是如果没有苹果提供技术和设计，苹果手机肯定也生产不出来，这说明技术的贡献大，而劳动力的贡献小，贡献小的拿钱少，也理所应当！

技术的贡献真的这么大？劳动力的贡献真的只有这么小吗？

首先，我们既要看到技术的价值，也要看到技术被资本控制这个事实，技术的使用是以为资本获取利润为目的的，而不是为了消费者的需要。苹果公司的利润大多数流向了公司背后大股东的腰包，而真正参与技术开发的科研人员从中获得的利润分成却少之又少。

其次，劳动者出卖的不是劳动，而是劳动力。被资本家雇佣的劳动者成为商品，如同被租出去的一辆汽车，得到的仅仅是自己劳动力的价值，也就是工资，但是他们在工厂里创造的劳动，又远远超过自己的工资。比如，租一辆车的费用是每天100元，但是租用者利用这辆车创造出了1000元的价值，那么900元就作为剩余价值装进了租用者的腰包。劳动力的使用，也是如此。劳动力每天创造的剩余价值，也就流进了资本的腰包。

最后，资本并不是凭空产生的，它也是由劳动者的剩余价值积累而成。创造这个世界的是劳动，而不是资本，是劳动者体力和脑力集合而成的"活劳动"，而不是资本这种"死劳动"。

2. 释放"劳动至上"的正能量

我们不仅要通过《资本论》看到资本主义剥削的负能量，也要看到其中"劳动至上"的正能量。我们小的时候都唱过一首儿童歌曲《劳动最光荣》，其中有几句歌词："幸福的生活从哪里来，要靠劳动来创造"；"劳动的快乐说不尽，劳动的创造最光荣"。歌词虽简单，但道理深刻：劳动是价值的源泉，劳动是幸福的源泉。

马克思早就论证过，人区别于动物的本质就是劳动。因为劳动，人和动物区分开来。有人说，那动物也猎食筑巢，这不算劳动吗？这的确不是劳动。动物的所有活动，如吃喝拉撒、繁衍生殖都从属于自然，本身就是自然的组成，动物无法区分自己与自身的生命活动，而人则可以。人可以有意识地把自己的活动能力作用于自然界，使得自然界适合人的需要。动物在自然界的规律面前是纯粹被动的，而人却是能动的。举一个例子说明，在一定时期，狼吃羊，羊的数量会变少，而人吃羊，羊的数量会变多，这是因为人会养羊。

人的本质是劳动，这样的理念体现在各种影视作品创作里。有个英国科幻剧《黑镜》很有名，这部剧充满了哲学思考。剧里描述在未来社会人们怎么获得报酬呢？每天在健身房骑单车赚取点数，多少公里多少点数。这部剧把每天骑车比喻为劳动。无论是过去、今天还是未来，劳动是人的本质，劳动创造了美，在这个意义上，我们赞美劳动，讴歌劳动者。

在市场经济条件下，总有些人想着不劳而获，天上掉馅饼，一夜暴富。明白了劳动创造价值的道理，再学点辩证法，就会明白这些都是幻想，就会明白天上如果掉馅饼，地上一定有陷阱，就会明白所谓享受，不只是享受美好，而具有两方面的意思：享同样的福，受同样的"罪"。没有付出，没有劳动，就不会有收获。真正的收获与成功必须要靠努力和劳动来换取。其实，每一个优秀的人，都有一段沉默的时光。那一段时光，是付出了很多努力和劳动，忍受了孤独和寂寞，不抱怨不诉苦，日后说起时，连自己都能被感动的日子。

3.回归劳动价值论

马上学习

习近平总书记在2014年7月8日主持召开的经济形势专家座谈会上强调，各级党委和政府要学好用好政治经济学，自觉认识和更好遵循经济发展规律。劳动价值理论是马克思主义政治经济学的理论基石，是学好用好政治经济学的前提，也是构建有中国气派和中国特色经济学理论的基础。

劳动价值论是马克思主义经济理论的逻辑出发点，是理解马克思主义政治经济学的"枢纽"，还是马克思的《资本论》巨著号称为"工人阶级圣经"的根本所在。正是在劳动价值论的基础上，马克思构建起了政治经济学的理论大厦。他系统地阐述了商品价值、交换价值和货币理论，通过从货币到资本、从资本再到资本积累的演进过程分析，建立起资本的有机构成理论、资本的积累理论、社会再生产理论、商品价值的转型理论以及分配理论。从抽象到具体层层展开，最终得出等量资本获得等量利润的资本主义分配原则。不仅从理论层面揭示出劳动与资本两大阶级对立的经济根源，也从现实表象层面阐释了各类资本与雇佣劳动之间的矛盾与对立。从资本与雇佣劳动的对立运动中揭示出资本主义生产方式的演进与变迁规律。

劳动价值论站在工人阶级的立场，阐明了劳动的重要性：劳动创造了商品（产品）、劳动创造了价值、劳动创造了资本。离开了劳动，资本积累和经济增长都将无从谈起。正是在劳动过程与价值增殖过程相统一的资本主义生产过程中，劳动物化成了价值与资本，劳动及劳动过程的变迁孕育了资本主义生产方式的演进。这是劳动价值论对于分析当代资本主义经济的特殊意义所在。除此之外，劳动价值理论更为深刻的意义在于它强调了劳动的基础性、重要性与源泉意义。正如马克思所强调的，劳动是"**不以一切社会形式为转移的人类生存条件，是人和自然之间的物质变换即人类生活得以实现的永恒的自然必然性**"。劳动的一般性不仅适用于资本主义生产方式，同样适用于社会主义中国。在工农业劳动人口占比很大、工农业生产仍然是社会经济发展基础的背景下，尊重劳动者的劳动，科学评估各个领域的劳动群体的贡献，贯彻按劳分配制度是社会主义内在的价值取向。实践证明，劳动价值理论在当代仍然具有很强的科学意义和指导意义。

然而，在以市场交换为资源配置方式的今天，资本的强势地位凸显，劳动的重要性被掩盖在商品、价值和资本的背后。各类资本及资本衍生品不断推陈出新，具有非生产性特征的金融资本和虚拟经济不断膨胀，甚至在全球居于统治地位，而以生产劳动为基础的实体经济则日趋弱化。这加剧了全球经济的结构性失衡。资本与劳动之间的非对称格局直接引发的问题是，资本的收益率与劳动报酬的不对等，劳动者报酬在整个国民收入中的比重偏低。

劳动者劳动的重要性，尤其是生产劳动在理论上的重要性与当代实践中的偏差提醒我们，有必要回归马克思的劳动价值理论。回归劳动价值论首先就要给中国劳动者群体以更多的尊严和保障。劳动价值理论强调了价值的创造源于劳动过程，劳动过程是劳动的核心。

离开了劳动过程和工人的"活劳动"，一切先进的技术设备、生产资料都将成为"死物质"，而工人的"活劳动"是盘活各类"死物质"的催化剂。这正如苏联自然科学家维尔纳茨基提出的"活物质"之于整个地壳运动和生物圈的重要意义一样，劳动者的"活劳动"就是价值创造、盘活"死物质"乃至整个复杂经济系统运转的"活物质"和能量来源。因此，尊重和重视一线工人、技术工人和农业劳动者等劳动者的劳动，公平公正地对待和评估他们的劳动，这是对劳动、对人自身的一种尊重，因为劳动是人类的本质活动。

回归劳动价值论，还要给予物质生产领域和生产性劳动以充分的重视。物质生产领域包括工业生产领域（主要指制造业），也包括农业生产领域、建筑业和交通运输业，这是实体经济的基本组成部分，也是支撑虚拟经济发展的基础，还是一国经济实现均衡发展和可持续发展的重要保证。综观中国经济，非生产领域中的诸多活动的资本回报率高，而物质生产领域的一些劳动则受到冷遇。其主要表现之一便是物质生产领域对劳动者的吸引力下降，尤其是对知识和文化水平较高的劳动力的吸引力下降。当前，没有多少大学毕业生愿意做"一线工人"，更没有多少大学生志愿去农业生产部门。此外，实体经济遭遇寒冬的另一个表现就是原来从事物质生产活动的企业开始转产转型，向证券市场和房地产市场等资本回报率高的领域进军。最后，工业化向后工业化的转型口号和政策实践提升了后工业经济的地位，弱化了工业生产。后工业化并不等于去工业化，如果一国经济实现了去工业化，那么该国的产业终将会出现产业空心化的现象。日本便是一个例证。美国在几年前就提出了再工业化战略，他们已经认识到产业空心化带来的严重社会经济问题，希望通过再工业化振兴美国经济，扩大美国国内的就业。

回归劳动价值论，从劳动过程出发，实现中国经济的自主创新和产业转型升级，这是中国构建可持续竞争力的根本来源。如今，跨国公司主导下的全球生产网络（GNP）成为全球经济的微观主体，跨国资本主导下的生产过程实现了全球配置。中国作为世界上仅次于美国的 FDI 流入量第二大国，成为全球生产网络的重要组成部分。目前中国东南沿海地区中小企业参与全球生产网络的途径仅仅是在生产分工中承担标准化的生产环节，成为发达国家的代工厂或加工厂。这导致了两大问题：一是中国的工人从事的生产环节技术含量低，或者已经属于标准化技术，这样，工人的工资相对较低，中国的工人仅仅赚取一个低廉的加工费。二是由于中国企业在分工中处于微笑曲线的底端，很容易被锁定在低技术循环陷阱之中。如何打破目前发达国家主导的游戏规则，从根本上改变中国的经济地位？这就要从劳动过程出发，在生产领域开展技术的自主创新，提高自主创新能力。只有在生产领域和劳动过程中的创新才能够走出一条经济的转型升级之路——原始设备制造商（OEMS）→原始设计制造厂商（ODMS）→原始品牌制造者（OBMS）。这既能提高中国经济的国际竞争力，也会提高中国工人的谈判力和技术能力，进而改善中国劳工的境遇。因此，回归劳动价值论，从劳动过程出发是促进社会经济的稳定和持续发展，推动中国跨越中等收入陷阱的重要出路。

二、经济危机是怎么发生的?

马克思不仅用"劳动价值论"发现了资本主义社会的"病灶",而且还详细地分析了资本主义社会的病症,那就是经济危机。

关于经济危机,有这样一个故事很有趣。

> 小女孩问她爹:"家里为啥这么冷啊?"
>
> 她爹说:"咱家没有煤了。"
>
> 小女孩又问:"为啥没有煤?"
>
> 她爹答道:"我失业了。"
>
> 小女孩对这个答案并不满意,又问了一句:"那为什么你失业了?"
>
> 她爹回答道:"因为煤太多了。"

这个故事告诉我们什么?小女孩的父亲之所以买不起煤是因为煤炭太多了。这听起来很荒诞,但它揭示了经济危机的本质:生产的相对过剩。请注意这是"相对"。相对的是什么呢？相对的是劳动人民有支付能力的需求。不是煤绝对过剩，不是人人家里都囤了太多煤不需要煤，而是我需要煤炭取暖，但是我没钱买煤，我有需要但是没有支付能力，所以煤炭相对过剩了。

在马克思看来，资本主义的经济危机就是生产过剩的危机。为什么会生产过剩呢？因为资本进行生产的目的，在于追逐劳动者通过"活劳动"附加在产品中的新价值，通俗点说，就是为了赚钱，而不是为了满足人民群众的社会需求。因此，早晚有一天，产品数量会大大超过社会需求，换句话说，供给大于需求，出现生产相对过剩，这个时候危机就不可避免了。

1.危机第一步

在生产领域，资本家为了追逐剩余价值，利用一切可以利用的机会，强迫工人加班加点，增加劳动强度，以尽可能地增加产品中的剩余价值。资本家在因此赚得钱之后，一般也不会用于个人挥霍，而是用来购买机器，雇佣更多的工人，实现扩大再生产，也就是"资本积累"。这样，在生产领域，产品数量会越来越多。

2. 危机第二步

在流通领域，资本家能否赚得产品中的剩余价值，取决于他能否把产品在市场上都卖出去，马克思管这个过程叫商品"惊险的一跳"。如果跳得成功，工厂主就会实现资金回笼，用赚的钱偿还银行贷款；但如果没跳过去摔死了，那工厂主就可能面临破产的危险。什么情况下，商品卖不出去呢？就是产品的供给大于需求的时候。别看工厂内部有些严格的管理纪律，但工厂和工厂之间却是混乱的无政府状态。你生产，我也生产，大家一哄而上，产品供给迟早要大于产品需求。另外，还有个重要的因素，劳动者生产的新价值都被资本家拿走了，而他们自己只能够拿到微薄的工资，有的时候甚至这点工资都要被拖欠。那么就导致一个可怕的后果，劳动者没有足够的钱来购买这些产品，特别是一些生活资料，比如面包。马克思说，这个时候就出现了生产的相对过剩。为什么说是"相对过剩"？不是社会对面包没需求，而是购买面包的主力军——工人阶层的工资太低了，买不起面包，而买得起面包的工厂主阶层根本又不需要面包，他们的山珍海味还吃不完，哪有心思吃面包。

那工厂主怎么办？只好破产！过剩的面包怎么办？只好

在仓库里白白浪费掉。从这里我们就可以看出，资本主义的生产力确实很发达，但是资本主义的生产关系根本容纳不了这么大的生产力，生产关系 hold（容纳、稳住）不住巨大的生产力，按照马克思的说法，必然会爆发经济危机。

当然，价格调节机制、政府干预、国家的进出口等因素，都会在一定程度上延缓经济危机的爆发，但是它们并不能消除经济危机的根源，即生产资料私有制和社会化大生产之间的矛盾。社会生产和社会需求之间的平衡，只能通过爆发一场严重的生产过剩的经济危机，即牺牲已经生产出来的生产力来实现，从而形成危机、萧条、复苏、繁荣、再危机的循环。地球人即将见证的是，一个曾经如日中天的社会形态，竟然会被自身过剩的生产能力活活憋死，这也就是为什么马克思的"两个必然"是靠谱的！

2008 年爆发的全球性金融和经济危机，貌似是美国次贷危机引起的，但其实质还是由资本主义基本矛盾引发的生产相对过剩导致的经济危机。我们以房子为例，说说其中的玄机。话说房价上涨，大家纷纷到银行贷款，开始投资房地产。银行除了把贷款放给那些手里有黑卡的高富帅之外，还给那些没有什么经济能力的矮穷矬放了款，而且房子首付还特别低。因为高富帅还款能力强，因此银行放给高富帅的那部分贷款叫"优级贷款"；而矮穷矬还款能力差，他们那部分贷款就叫"次级贷款"。

银行不能眼看着这些"次级贷款"烂在自己手里，就加工打包，转手给其他金融机构，比如投行。投行的那些金融小天才充分发挥聪明才智，又把这些"次级贷款"花里胡哨地包装成各种理财产品，卖给一般的小老百姓。

要是房价光涨不跌，银行、投行还有小老百姓都皆大欢喜，人人从中捞点油水，哪怕矮穷矬越混越惨，供不起房了，把房子一卖，谁也不吃亏。但要是哪天房价大跌了，矮穷矬吃亏不说，就算把他的房子卖掉，这债也收不回来。真正赔大发了的是那些手里攥着各种理财产品的小老百姓们，他们赔了钱，银行也不敢再放款，原来红红火火的社会大生产场面，一下子冷清下来，社会就出现了"次贷危机"。更可气的是，投行的金融家当时还把理财产品卖给了大量的发展中国家，整个世界都跟着"次贷危机"了。

要说银行当初为啥偏偏盯着那些矮穷矬，低首付也要给他们放款？那是因为房子已经大量过剩了，高富帅固然能买得起房，但他们人少啊，只有把大量的矮穷矬也忽悠进来买房，才能真正消化房子的库存，房地产商赚了钱，银行也就跟着发财了。而要想套住矮穷矬，那只能用低首付来来忽悠他们。

说来说去说到底，所谓的"次贷危机"还是生产过剩的危机，不过经金融资本这么一个乾坤大挪移，本来是生产者的危机，就转嫁到一般老百姓这样的消费者身上了。怪不得99%的美国人民，对1%的华尔街金融家们恨得牙根都痒痒。

三、新自由主义加剧资本主义经济危机

1. 新自由主义主张啥？

一方面资本主义国家正饱受私有制的苦果：经济危机爆发并蔓延，生产相对过剩卷土重来；另一方面主张绝对私有化的新自由主义思潮和政策越来越成为西方资本主义国家的共识。这就决定了资本主义经济危机不但不能有所缓解，而是不断加剧。

新自由主义政策主张可以概括为"三化"，即自由化、私有化和市场化。自由化，就是主张推行自由贸易，放松甚至取消金融管制，全面开放金融领域；私有化，就是主张一切财产应属于私人，对国有企业及公共服务实行普遍私有化；市场化，就是反对政府干预，主张让市场机制自发调节包括生产要素、私人产品和公共产品在内的一切社会资源。

20世纪60年代末70年代初，西方国家出现经济增长停滞和通货膨胀并存的"滞胀"局面且日趋严重，二战后一直处于主流地位的凯恩斯主义宏观经济政策失效。于是，国际

垄断资本选择了符合它们最大利益的新自由主义理论作为新的官方经济学。

撒切尔夫人和里根先后于 1979 年和 1981 年在英美两国上台执政后，实施私有化、放松市场管制、"金融去监管化"等自由化改革，进而在西欧掀起了 80 年代的私有化浪潮。进入 90 年代后，随着"华盛顿共识"的出笼，新自由主义的理论体系趋于完备成型，具体转化为以自由化、私有化、市场化为核心和标志的政策纲领。此后，在一些西方国家和国际组织的推动下，新自由主义迅速向拉美、原苏东社会主义国家和亚非发展中国家蔓延开来。新自由主义的经济政策加剧了西方资本主义国家的经济危机，并且将经济危机的病毒传染到世界各地。

2. 新自由主义的经济"成绩单"

新自由主义的确在一定程度上帮助一些国家走出了凯恩斯困境，但是它主张的极端私有化、自由化、市场化真的是灵丹妙药，可以解决一切问题？《求是》杂志 2014 年第 16 期刊发了由李文撰写的《新自由主义的经济"成绩单"》，对新自由主义的"经济成绩"进行了详细介绍。我们不妨看一看新自由主义交给全球的一份成绩单。

"休克疗法"是新自由主义给当年的俄罗斯开出的药方。在宏观政策方面，"休克疗法"紧缩财政更为严厉；在经济自由化上，"休克疗法"主张采取一步到位的方式实现价格、外贸的自由化和货币的自由兑换；在私有化方面，强调迅速实现，为此不惜采取无偿分配的办法。"休克疗法"最著名也是最失败的应用例子就是俄罗斯的经济改革，它使俄罗斯 GDP 几乎减少了一半，GDP 总量只有美国的 1/10。大规模的私有化造成了巨大的社会和经济损失。据统计，俄罗斯在私有化期间的损失总计约合 1.7 万亿美元，相当于其 1996 年 GDP 的 4.2 倍、第二次世界大战期间损失的 2.5 倍。

阿根廷可称为拉丁美洲的"发达国家"，人均 GDP 曾经达到 8000 美元，但在新自由主义改革以后，到 2002 年，阿根廷人均 GDP 已经跌到 2665 美元。与经济萧条相伴随的是高失业率，拉美地区的失业率在最近二十年持续上升，阿根廷的失业和半失业人口占总劳动人口的 40% 以上，就是到了 21 世纪初，阿根廷的失业率 2002 年还曾高达 23%。阿根廷的贫困人口占总人口的比例，1990 年是 21.2%，2000 年上升到 41.5%，到 2002 年 6 月竟然上升到 53%，其中绝对贫困人口占总人口的比例达到 24.4%。新自由主义改革加剧了社会的贫富差距，严重影响了社会稳定。1990 年阿根廷的基尼系数为 0.46，到 1995 年这一系数上升到 0.47，1999 年高达 0.49。最富有阶层占有的财富与最贫困阶层相比由 1990

年占 11.19% 上升至 1998 年的 17.28%。两极分化和严重的贫富差距成为黑社会势力滋生和猖獗的温床。

外资的涌入并没有为东欧带来经济繁荣，以匈牙利为例，在私有化运动期间，经济增长不进反退，尤其是在 1990—1993 年，GDP 下降了近 20%。

在新自由主义泛滥时期，几乎所有西方市场经济模式国家都出现了经济金融化的现象。比如，美国金融业在国内总利润当中所分割的比重越来越大，从 20 世纪 80 年代初的不足 20% 上升到 30% 左右，并在 21 世纪初一度达到 45%，而同期制造业利润的比重则大幅下降。

20 世纪 80 年代以来，每隔十年左右就会发生一次较大的金融危机，大型金融机构破产也不时发生。

新自由主义交出的这份经济最新"成绩单"说明，新自由主义泛滥在全球引发了恶果，新自由主义不是什么济世良药，而是有着重大缺陷的。现如今，一些曾经将其奉为救世良方的国家也在不同程度上改变和纠正了原有的一些政策做法。

诺贝尔经济学奖获得者斯蒂格利茨曾撰文指出：新自由主义从未得到经济学界的理论支撑，一直是为某些利益集团服务的政治信条；日本经济学家、日本政府智囊中谷岩也从一个新自由主义的拥趸者转变为忏悔者，批判新自由主义为世界人民带来的灾难；巴西理论家多斯桑托斯直接将里根经济学称为"灾难政治经济学"，认为拉美国家"落入了新自由主义陷阱"。在 2009 年二十国集团峰会闭幕新闻发布会上，英国首相戈登·布朗公开宣布了"华盛顿共识"的终结。2009 年 2 月，澳大利亚总理陆克文专门撰文批判新自由主义，指出"本次危机正是过去 30 年来自由市场理论主宰经济政策的最终恶果"。因此，中国更要警惕新自由主义别有用心的忽悠，学好马克思这个好医生留下的医嘱，用好马克思主义政治经济学，走好自己的路。今天看来，马克思这个医生，对资本主义的病情诊断依旧靠谱，《资本论》依然有效。

四、发展当代中国马克思主义政治经济学

党的十一届三中全会以来，我们党把马克思主义政治经济学基本原理同改革开放新的实践结合起来，不断丰富和发展马克思主义政治经济学，形成了习近平新时代中国特色社会主义经济思想。

1. 习近平新时代中国特色社会主义经济思想：当代中国马克思主义政治经济学的重要理论成果

马上学习

党的十八大以来，习近平总书记提出要发展当代中国马克思主义政治经济学，形成了以新发展理念为主要内容的习近平新时代中国特色社会主义经济思想，具有鲜明的时代意义和深远的理论意义，丰富了中国特色社会主义理论体系，包含许多重要的理论成果。比如：

关于以人民为中心的发展思想的理论。习近平总书记指

出:"要坚持以人民为中心的发展思想,这是马克思主义政治经济学的根本立场。要坚持把增进人民福祉、促进人的全面发展、朝着共同富裕方向稳步前进作为经济发展的出发点和落脚点,部署经济工作、制定经济政策、推动经济发展都要牢牢坚持这个根本立场。"

关于社会主义初级阶段基本经济制度的理论。习近平总书记指出:"要坚持和完善社会主义基本经济制度,毫不动摇巩固和发展公有制经济,毫不动摇鼓励、支持、引导非公有制经济发展,推动各种所有制取长补短、相互促进、共同发展,同时公有制主体地位不能动摇,国有经济主导作用不能动摇,这是保证我国各族人民共享发展成果的制度性保证,也是巩固党的执政地位、坚持我国社会主义制度的重要保证。"

关于树立和落实创新、协调、绿色、开放、共享的发展理念的理论。习近平总书记指出:"要坚持新的发展理念,创新、协调、绿色、开放、共享的发展理念是对我们在推动经济发展中获得的感性认识的升华,是对我们推动经济发展实践的理论总结,要坚持用新的发展理念来引领和推动我国经济发展,不断破解经济发展难题,开创经济发展新局面。"

关于发展社会主义市场经济,使市场在资源配置中起决定性作用和更好发挥政府作用的理论。在市场作用和政府作用的问题上,习近平总书记强调:"要讲辩证法、两点论,把

'看不见的手'和'看得见的手'都用好……努力形成市场作用和政府作用有机统一、相互补充、相互协调、相互促进的格局。"

关于我国经济发展进入新常态的理论。习近平总书记认为："我国发展仍处于重要战略机遇期，我们要增强信心，从当前我国经济发展的阶段性特征出发，适应新常态，保持战略上的平常心态。"

关于推进供给侧结构性改革的理论，习近平总书记指出："推进经济结构性改革，是贯彻落实党的十八届五中全会精神的一个重要举措。要牢固树立和贯彻落实创新、协调、绿色、开放、共享的发展理念，适应经济发展新常态，坚持稳中求进，坚持改革开放，实行宏观政策要稳、产业政策要准、微观政策要活、改革政策要实、社会政策要托底的政策，战略上坚持持久战，战术上打好歼灭战，在适度扩大总需求的同时，着力加强供给侧结构性改革，着力提高供给体系质量和效率，增强经济持续增长动力，推动我国社会生产力水平实现整体跃升。"

关于用好国际国内两个市场、两种资源的理论。习近平总书记强调："要坚持对外开放基本国策，善于统筹国内国际两个大局，利用好国际国内两个市场、两种资源，发展更高层次的开放型经济，积极参与全球经济治理，同时坚决维护我国发展利益，积极防范各种风险，确保国家经济安全。"

关于促进社会公平正义，逐步实现全体人民共同富裕的理论。习近平总书记指出："消除贫困、改善民生、实现共同富裕，是社会主义的本质要求。"

这些当代中国马克思主义政治经济学的理论成果，不仅有力指导了我国经济发展实践，而且开拓了马克思主义政治经济学新境界。

腾讯视频

百度网盘

音频（上）

音频（下）

第九章

马克思，靠谱

　　燃遍全世界的《国际歌》，至今仍是全世界无产阶级的共同战歌。勇敢地"站在冲天的巴黎人这边"，马克思为巴黎公社着手撰写宣言，但随着公社的失败，未定稿的宣言变成了巴黎公社的悼词，"革命死了，革命万岁"。马克思在《法兰西内战》中揭示的无产阶级专政原则，作为他的重要政治遗产，现在仍是护佑社会主义中国抵御西式民主侵袭的重要屏障，仍是保证社会主义中国"风景这边独好"的不二法门。在晚年的笔耕不辍中，马克思走到了自己生命的终点，但马克思的思想却一直指引着人类社会发展的方向。

一、《法兰西内战》

1.《国际歌》的由来

《国际歌》是国际共产主义运动史上最著名的一首歌，也被称为全世界无产阶级的战歌。词作者叫欧仁·鲍狄埃，他在1871年写了一首叫《英特纳雄耐尔》的诗，1888年一个叫皮埃尔·狄盖特的共产主义者给谱上了曲，由此这首歌就以《国际歌》的名字在全世界传唱开来。

说起《国际歌》的来历，还不得不提1871年的巴黎公社起义。话说1870年的普法战争，法国完败，法兰西第二帝国就此崩溃，新成立的资产阶级临时政府对普鲁士一味采取屈膝求和的态度，法国国内社会矛盾趋于白热化，要求建立真正的"民主共和国"的呼声日益高涨。巴黎工人阶级身负国仇家恨，面对普鲁士大军压境，愤然起义推翻临时政府，一举夺取巴黎政权，建立了无产阶级第一个真正的政权——巴黎公社。

然而挨了巴掌的资产阶级肯定不甘心，要还手。面对资

巴黎公社成立

产阶级猛烈的还击，三万多名公社战士牺牲了，仅仅存在了
72 天的巴黎公社失败了。《国际歌》就是在这个时候诞生的，
词作者欧仁·鲍狄埃就是巴黎公社一名幸存的战士。

　　巴黎公社的建立是马克思主义第一次从理论变成现实。
马克思当时非常兴奋，密切地关注着巴黎公社的动向，还给
他们提了很多的意见，可惜当时双方的通信没有保存下来，
否则我们就可以更多地了解马克思关于巴黎公社的具体指导
意见。不过，庆幸的是，马克思有一本专门总结巴黎公社经
验教训的著作留了下来，这本书的名字叫作《法兰西内战》。
其实，这本书本来是巴黎公社委托马克思写的一篇宣言，其
间马克思三易其稿，还没等宣言定稿，巴黎公社就失败了，

就这样，原来的宣言变成了悼词。

马克思为巴黎公社写的这篇"悼词"，引起了欧洲无产阶级的共鸣，产生了很大的影响。英国当局更是派出了大量暗探和间谍，加紧了对马克思的监视。马克思每次出门，身后都有一连串的"尾巴"秘密跟着。马克思把这事当笑话讲给朋友们听，还说自己是"伦敦受诽谤最多、受威胁最大的人"。

那么，《法兰西内战》到底是一本什么样的书？怎么就让马克思成为受威胁最大的人了呢？

2.《法兰西内战》——革命死了，革命万岁！

《法兰西内战》写于1871年四五月间，是马克思为了总结概括一个月之前开始的巴黎公社运动而写的著作。在这本书里，马克思表现出一种在重大事件刚刚发生的时候就能够洞悉事件本质的天才能力。马克思高度称赞巴黎公社是"**终于发现的可以使劳动在经济上获得解放的政治形式**"。它之所以能够实现无产阶级的解放，其原因就在于公社政权的无产阶级专政的性质。无产阶级专政的学说也更加系统，难怪当时的政府对马克思的迫害要变本加厉了。在《法兰西内战》这本书中，马克思主要讲了三点内容：

第一，巴黎公社是无产阶级解放的政治形式。巴黎工人坚持"枪杆子里面出政权"的原则，在夺取政权之后，马上废除了国民常备军，代之以武装的人民。然后，将国家机关完全民主化，公社机关由巴黎各区普选出来的城市代表组成，可以随时撤换，并领取只相当于熟练工人的工资。公社取消了之前虚伪的议会，但保留了真实的普选制精神。最后，因为公社切断了资本家的财路，必定会引起后者的疯狂反扑，公社决定对叛乱行动进行镇压，实行革命专政，致力于用阶级斗争消灭阶级斗争。

第二，巴黎公社包含无产阶级解放的经济内容。公社如果不能根除生产资料的私有制，就会成为一种骗局。公社连续颁布一系列经济政策：封闭当铺；接收工厂主跑路之后遗留下来的工厂，代之以工人的生产合作社；在全国范围内组成生产联盟。这些经济措施的本质在于，要把之前用来剥削和奴役的资本和土地，转而用作自由联合劳动的工具，这些措施虽然仅仅是对私有制初步的取消，但是包含着共产主义的萌芽。

第三，马克思所说的无产阶级专政，是人类社会从资本主义向共产主义过渡的必经阶段，是一种新型的国家形式。历史上的国家都有两种职能，一种是政治统治职能，另一种是公共服务职能。而在无产阶级专政这种新的历史阶段，国家的政治统治职能逐渐弱化，公共服务职能却逐渐强化，最终国家彻底消亡，到那个时候，人类真正站在了共产主义的大门口。

无产阶级专政的原则在不同的社会主义国家，有不同的表现形式。在中华人民共和国，无产阶级专政具体表现为人民民主专政。和无产阶级专政一样，人民民主专政同样以工人阶级为领导、以工农联盟为基础、以共产主义作为自己的历史使命。因此，人民民主专政是无产阶级专政原则在中国具体国情下的应用形式，它在本质上就是无产阶级专政。

近年来，国内舆论界有种声音，总是对人民民主专政自信不起来，提起民主就一味推崇"西方式民主"。这种"西方式民主"真的那么好吗？世界上移植"西方式民主"的国家和地区有不少，这些地方现在的境况又如何呢？

二、西式民主：真的能包治百病吗？

20 世纪 70 年代，西方式民主即以美国式民主为代表的民主模式，被一些亚非拉国家奉为圭臬并付诸实践。这些国家希望通过移植西方式民主走上自己的强国富民之路。几十年过去了，这些国家并没有通过西方式民主走上"良治"的道路，甚至连西方式民主的原产地——美国也陷入了困境。2009 年 12 月 7 日，美国《时代》杂志称 21 世纪的头十年为美国的"地狱十年"。这是以"9·11"事件为开场、以金融危机结束的十年，也是美国人自"二战"以来最幻灭的十年。根据盖洛普公司 2014 年 6 月的民调显示，美国公众对国会"非常有信心者"占 4%，"较有信心者"占 3%，两者相加仅为 7%。我们不禁要问，美国到底是怎么了？昔日全世界大多数国家奉为学习对象的超级大国，为什么在 21 世纪头十年竟然陷入如此的战略困境？美国所奉行并向发展中国家推销的美国式民主真的是最优越的民主模式吗？西式民主真的能包治百病吗？这值得我们反思。

1. 西式民主的五种病

西式民主不但不能包治百病，其实自己也病得不轻。众所周知，美国的民主宪政体制主要是通过横向的"三权分立"和纵向的在野党制约来实现的，但是很少有人注意到，这种体制设计自身存在着结构性矛盾。台湾"中央研究院"院士、台湾大学政治学系教授朱云汉认为，"美国宪政的设计原理，是刻意让由多数民意产生的政府受到多重的权力制衡，让代表少数民意的政治力量有多重机会行使否决权。这样一种制度设计，讲求的是协商手腕与妥协精神。如果社会的主流价值十分趋同，主要政党之间的意识形态差距很小，还可以维持平顺运作；如果社会内部出现严重的价值分歧，主要政党的基本立场南辕北辙，这个体制很容易陷入僵局。"美国民主宪政体制的结构性毛病集中表现为资本游说合法化、民粹政治泛滥化、政党分赃公开化、否决政治常态化和政治治理司法化五个方面。

资本游说合法化

三十多年来，西方式民主的"金钱化"趋势日益凸显，其金钱民主的本质不断显现。1979 年 5 月 3 日，英国历史上第一位女首相撒切尔夫人入主伦敦唐宁街十号。她主张实施"大市场、小政府、轻赋税"的政策。一年半后，新当选的美国总统里根在美国全面推行市场化、自由化与私有化改革，并在全球掀起了"新自由主义改革"浪潮。这轮敌视"政府"、丑化"国家"、神话"私有企业"、崇拜"市场"的浪潮，令美国社会发生了深刻变化，同时也使美国民主显出资本附庸的原形。小布什当选总统后，通过一连串开倒车的宪法解释案，为富豪政治大开闸门。奥巴马执政后的 2010 年，美国赋予"公司法人"言论自由权，让企业可以无限制地购买广告时段来影响选举结果。2014 年，取消有钱人在选举中提供给任何候选人、政党组织和政治行动委员会献金金额的上限。

美国普林斯顿大学吉伦斯（Martin Gilens）教授和西北大学佩奇（Benjamin Page）教授对 1981 年到 2002 年美国国会通过的 1779 个重要法案进行分析后发现，利益团体和受雇于企业的国会游说者才是塑造法案的关键，民众所发挥的作用微乎其微。美国加州大学皮尔逊（Paul Pierson）教授和耶鲁大学哈克（Jacob Hacker）教授认为这种政治被资本绑架的现象是"美国政治体制严重失灵，这个体制已经失去了为绝大多数民众谋求福祉的最基本功能"。

有分析认为，美国 2016 年总统选举费用预计将突破 50

亿美元，轻松打破 2012 年创下的 20 亿美元纪录，成为美国史上"最贵选举"。2016 年 4 月 11—18 日，美民众自发地发起"民主之春"运动，主要是抗议金钱政治和不公平的选举。这项和平抗议运动开始至今共逮捕了 1420 人次的示威者。事件发生时，希拉里正在拉票，她将于当晚出席好莱坞巨星克鲁尼为其竞选筹集资金的酒会。希拉里的这场筹款晚宴每张门票高达数万美元，晚宴主桌的座位更高达 35 万美元。哈佛大学肯尼迪政府学院和悉尼大学政府与国际关系学院的"选举公正项目"报告中称，91% 的选举都是由获得最多资金支持的候选人赢得，其结果便是美国的政策只反映政客及其资金提供者的利益。美国民间组织"代表我们"统计称，过去 5 年中，在政治方面最为活跃的 200 家企业共耗费 58 亿美元用于联邦游说和竞选捐款，而这些公司从联邦政府的生意和支持中得到 4.4 万亿美元的回报。这意味着，美国大企业为影响美国政治花费的每 1 美元可以获取 760 美元的回报，也意味全体美国人缴纳的个人所得税的 2/3 转移给了这些大公司。

民粹政治泛滥化

复旦大学特聘教授、上海社科院中国学研究所所长张维为认为："在今天美国的政治制度下，民主几乎等同于竞选。

所以，候选人的最大特点是一切为了赢得选票，结果使'民粹政治'泛滥。美国加州政府破产的例子颇能说明这种'民粹政治'。为了赢得更多选票，政客纷纷提出减税，先是减少财产税，后是取消汽车税，最后加州政府因此陷入破产。当加州政府想恢复汽车税时，州议会从中作梗，结果使加州的财政陷入更加糟糕的境地。"

朱云汉也认为："由于政党体制的中介功能逐渐萎缩，在大众媒体与网络媒体发达的时代，政治人物凭借民粹诉求与媒体操作就可以骗取选票，这导致民选政治人物的决策都倾向短期操作，为了眼前的政治利益与可分配资源极大化，他们都选择向未来透支、向子孙借钱，将痛苦的决策隐藏或不断延后，竞相滥开选举支票，其结果是财政结构迅速恶化与外债高筑。"正是因为"民粹政治"泛滥，政客们为了骗取选票，会刻意误导选民，有意隐瞒社会问题，直到问题发展到一发不可收拾为止，这也是希腊、葡萄牙、爱尔兰、西班牙、意大利等国爆发国债危机的主要原因。

政党分赃公开化

政党分赃，就是竞选获胜的政党，将行政职位分配给本党主要骨干的做法。中国人民大学重阳金融研究院经济学家高连奎指出："由于党派纷争、轮流执政，政府官员处于极不稳定的状态，既无稳定性也没连续性。由于流动性很大，官员们无从积累经验，行政能力普遍低下。"他还指出："'政党分赃制'下面政治录用的标准基本上是单纯政治性的，只看对象是否效忠本党，特别是看他们在竞选中是否做出过'贡献'。因此，政治录用实际上演化为相当直接的权钱交易，执政党对大选中的支持者、赞助人投桃报李，论功赏爵；这些人随选举共进退，因此会抓住每一个机会在任职期间多捞油水，政治权力就成为了他们谋取私利的工具，为腐败创造了极大的空间。加之，党魁势力的膨胀，他们控制各级政党机关，并由此控制了对公职候选人的提名权，利用手中所掌握的公职拉拢亲信骨干、任人唯亲、培植政治核心小集团，操纵地方乃至全国政局。"

事实正像高连奎所说，奥巴马提名的驻挪威大使乔治·楚尼斯，此前为旅馆业大亨，曾向奥巴马和其他民主党人提供约130万美元的政治献金。而且，楚尼斯承认他从未去过挪威。楚尼斯甚至称现为挪威中右翼政党之一的挪威进步党成员为极端狂热分子。被提名担任美国驻匈牙利大使的科琳·贝尔此前是肥皂剧制片人，在2012年美国总统大选中，她为奥巴马集资约80万美元。被提名担任驻阿根廷大使的诺厄·布赖森·马梅特从未去过阿根廷，也不能流利地讲西班牙语，但是，在奥巴马进行竞选连任时，马梅特曾捐款50万美元。就连曾经断言美国式民主是人类政治制度的顶峰的日裔美籍政治学家福山，也不得不承认美国式民主往往招致裙带关系。事实证明，政党分赃传统至今依然存在。政党分赃是美国式民主模式下的必然产物。

否决政治常态化

所谓否决政治，即政党的公共决策不以人民群众的需求为标准，而以政党的党派立场为标准，从而形成"稳定的否定派"。福山认为，美国两党的高度对抗，"民主党和共和党造成美国政治体制两极分化。这是长期积累下来的问题，两党之间宿怨已深，导致美国政治陷入僵局。因为党派政治的巨大分歧，美国在很多方面很难做决策——包括最近备受关注的移民政策，甚至包括政府预算、医疗改革等基本决策"。

20世纪80年代，美国加州州长布朗为了缓解从旧金山到洛杉矶的高速公路拥挤不堪的现象，准备在两城市间修建一条高速铁路，但始终无法克服各种阻力，也得不到联邦政府的支援，尤其是关于如何筹集所需经费的关键问题，州议会讨论多年，莫衷一是。直到奥巴马上台后誓言更新美国的陈旧基础设施，这个胎死腹中的计划才得到生机。2008年加州民主党人士终于推动高铁公投成功，让州政府获得授权可以举债筹集经费，并成立高铁管理局，正式启动兴建计划。

但是近年来工程进度因州议会在众多议题上无法与利益集团协调而进展缓慢，全线竣工启用估计要等到 2029 年。

奥巴马在竞选时还承诺：引进全民健康保险。这个承诺可能令人匪夷所思。在传统印象中，美国拥有全世界最领先的医疗条件，最完备的医疗体制，为什么还要承诺引进全民健康保险？其实，这些只不过是美国医疗体制的障眼法，其真实的情况是美国医疗体制是不公平的、昂贵的且低效的。美国的医疗支出占 GDP 比重的 17%，而一般先进工业化国家仅为 10%。在奥巴马推动医疗改革之前，有高达 4600 万的美国人没有医疗保险，占人口比例的 16%。奥巴马虽在竞选时承诺引进全民健康保险，但在美国否决政治的环境里，改革步履艰难。奥巴马的改革方案威胁了利益集团，一方面花大笔经费用于政治献金和国会游说，另一方面利用媒体广告向社会宣传"美国医疗体制是全世界最好的""自由市场的医疗保险才最有效率"。且这些保守派人士经常斥责加拿大的健康保险制度是政府主办的无效率的、缺乏自由的制度。而实际上，加拿大的医疗开支占 GDP 比重的 11%，比美国低不少。为了防止健保方案胎死腹中，奥巴马只能向这些既得利益者妥协，让改革效果大打折扣。

不仅如此，由于共和党的顽强抵制，奥巴马的经济振兴法案、金融改革法案和绿色能源法案或是虎头蛇尾，或是原地踏步。这就是美国否决政治对政治决策能力的明显副作用，严重降低了行政效率和公共服务质量。

政治治理司法化

　　西方资本利益集团俘获政治体制的最重要手段就是控制司法。北京大学法学院教授徐爱国指出："在美国，法官与政党的关系是微妙的，一方面，为了保持公正，法官应该远离政治，司法活动应该具有非党派性；另一方面，法官不能够完全脱离社会，法官提名和任命都脱离不了政党的推力，法官还有自己的政党意识形态。……美国联邦法官的产生是总统提名，参议院批准，总统任命。通常情况下，总统会提名本政党的党员。里根执政时，所提名的大法官大多数是共和党人；卡特执政时，被提名的大都是民主党人。"例如，自20世纪80年代末以来，美国联邦法院多数法官都是由共和党总统任命，因此，在2000年美国总统大选时，联邦法院一反常态直接介入佛罗里达州计票争议，帮助小布什顺利当选。政治学者福山指出，美国所有的政治、所有的治理几乎都要通过法院裁决，通过立法来解决，而这个过程往往被高度组织起来的利益集团俘获。在一般国家政府行政部门负责的事情，美国法院要"越俎代庖，执行了某些更适合行政机构执行的功能"，结果是社会治理的成本非常之高、各种高度组织起来的利益集团实现了利益最大化。由于美国联邦法院被赋予较大的权力，加之其法官由总统提名和任命，法院的审判经常受到法官自身的政治倾向的影响，很难保证客观公正，或是成为行政机关的附庸，或是成为"稳定的否定派"。

2. 政治制度的"飞来峰"搬不得

20世纪70年代以来，在全球范围内掀起了一股被西方学者称为"第三波民主化"的浪潮，其表现就是一大批发展中国家从美国照搬民主模式，拷贝美国式民主道路。而随着这股浪潮在全球的泛滥，美国语境下的"民主"一词在一些人的心目中逐渐地等同于"合法"。因此，是否符合美国式民主也成为一些人评价各国政治制度合法性的标准。

20世纪90年代，福山曾经提出"历史终结论"，认为以美国式民主为代表的西方式民主是"人类意识形态发展的终点"和"人类最后一种统治形式"。但近年来，各国的民主实践中出现了两个趋势：第一，很多新兴民主国家并没有步上"良好治理"的坦途，反而陷入劣质化民主的困境；第二，过去三十多年，在自由化、市场化与私有化的主导思维鞭策下，国家职能不断被削减，逐渐失去增进人民经济福祉与维护社会公平的能力，民主选举产生的政府根本无力回应民众的需求。这两种趋势，也使得福山开始反思他在二十多年前提出的"历史终结论"。最终，他不再像过去一样单纯强调民主与市场，转而大声呼吁21世纪的国家竞争力主要在于国家能力建设。他认为，评价一个国家现代化有三个标准：国家能力、法治和民主责任制。其中，国家能力应当先于民主责任制被确立，否则，政治领域将会形成广泛的裙带关系，这也是美国政党分赃传统的原因。美国历史上正是在国家能力建设前，优先确立了民主制和法制，最终导致了美国的政党分赃制。福山的学术转向，为我们提供了一个分析框架和评判标准。利用福山提供的标准，似乎也就可以理解为什么一些在第三波民主化浪潮中的新兴民主国家没有走上"良治"的道路。

众所周知，大多数发展中国家在确立民主制之前并没有如大多数西方国家那样完备的现代国家机构和职能。换言之，这些国家在移植美国式民主时，没有充分考虑到本国国情，而只是照搬照抄，在现代国家机能不健全的条件下，基层公权力机构很容易被宗族势力或地方豪强通过操纵选举而占为己有，以至于陷入美国式民主困境，进退两难。

拉美国家：社会分化，贫富差距悬殊

由于美国对外宣传新自由主义、推销美国式民主，为跨国资本的自由流动创造了良好的条件，在拉丁美洲等一些国家中，产生了悬殊的贫富差距，造成明显的社会分化，而它们所实行的美国式民主也成为这些既得利益集团实现自己利益的工具。在大多数中南美洲国家，民主并不能很好地抑制贪污问题。纽约中央公园旁和迈阿密海滩边的豪宅里的住户都说西班牙语，因为这里是众多拉丁美洲权贵子弟的聚集地。联合国人居署（UN Human Settlements Programme）曾公布研究报告显示，拉丁美洲的贫富差距正日益加大，20% 最富裕人口的平均收入是 20% 最贫穷者平均收入的近 20 倍。哥伦比亚、巴拉圭、哥斯达黎加、厄瓜多尔、玻利维亚、多米尼加、阿根廷以及危地马拉的财富分配不均现象在增加，其中危地马拉是拉美地区贫富差距最大的国家。

菲律宾：选举舞弊，家族政治泛滥

菲律宾一直以来被西方国家视为民主国家，菲律宾宪法甚至被称为美国宪法的"海外版"，而菲律宾的所谓民主其实更像一场闹剧。菲律宾以往的选举投票的开票过程基本是暗箱操作，总统选举的开票过程长达一个月，偏远地区投票舞弊等问题层出不穷，以至于每次大选都疑点重重。菲律宾有 160 个左右大大小小的"家族"，他们以占有土地、自然资源或拥有工商业为基础，相互联姻，形成一个个权势集团。在地方，家族可以影响、控制商业、民事等经济社会事务。

在南方的棉兰老岛，因伊斯兰分离武装的存在，菲律宾中央政府不得不依靠当地的大家族对抗分离势力，同时将地方事务委托于家族，家族在一些地方成为实际的统治者。在国家层面，各大家族纵横捭阖，建立党派、控制选举、培养代理、操弄政治。从实际政治权力结构看，菲律宾政治堪称"家族政治"。

印度：资源内耗，民生状况堪忧

西方媒体喜欢称印度为"世界上最大的民主国家"，但大量的资源被用在无休止的争论和利益集团的讨价还价上，烦琐的手续和各级各类部门之间的推诿以及腐败都使得体制的效能大打折扣，一些印度学者甚至把印度经济无法持续快速发展归咎于他们所实行的美国式民主。因此，这种无休止的资源内耗导致了民生问题堪忧，而所谓的民主也早就成为了"镜中花、水中月"般的幻影。孟买是印度的金融中心。2008年，孟买1400多万的人口中，有60%的人住在贫民窟。一个名叫达拉维的贫民窟，里面住着100万人，人均居住面积不足3.3平方米，1400多人共用一间厕所，传染病频发，卫生状况堪忧。贫民窟中黑社会横行，豢养警察，勾结政客，让贫民窟成为政客的稳定票仓。

伊拉克：三足鼎立，恐怖主义抬头

2003年，美国发动伊拉克战争后，推翻了萨达姆政权，建立起了美国式民主制度，三大势力——什叶派穆斯林、逊尼派穆斯林和库尔德人互相制衡，共同掌管权力。由于历史原因，这三大势力本身存在矛盾，而美国式民主的制约机制无疑激化了三者的矛盾。正是三大派系的明争暗斗、貌合神离，才让 IS（Islamic State，"伊斯兰国"简称）钻了空子，有了在夹缝中成长起来的空间。更有观察者认为，伊拉克的"三足鼎立"局势可能最终导致伊拉克的分裂。而一旦伊拉克分裂，则会给恐怖主义更大的生存空间，西亚、北非地区的安全问题将尤为严峻，地缘政治格局恐会发生深刻变化。

由此可见，美国推销的民主模式没能让在第三波民主化浪潮中的新兴民主国家走上"良治"的道路，反而让这些国家陷入了新的危机中，美国式民主与合法性之间的关系出现了松动，许多第三波民主化浪潮中的发展中国家正在重新反思自己的发展道路。

马上学习

习近平总书记明确指出："设计和发展国家政治制度，必须注重历史和现实、理论和实践、形式和内容有机统一。要坚持从国情出发、从实际出发，既要把握长期形成的历史传承，又要把握走过的发展道路、积累的政治经验、形成的政治原则，还要把握现实要求、着眼解决现实问题，不能割断历史，不能想象突然就搬来一座政治制度上的'飞来峰'。"

三、生命不息 战斗不止

1. 一个侠骨柔情的战士

有个叫约翰·斯温顿的美国记者，他曾经问了老年马克思一个问题："什么才是人生的最高法则？"马克思想了一会儿，用深沉而严肃的语调回答："斗争！"

现在国内学术界对于马克思究竟是一个战士还是个学者，是存在争论的。很多学者更愿意把马克思看作学者，非常深入地研究他的《资本论》及其他哲学著作，而对马克思著作中关于政治斗争的内容，则不予研究，或研究得不深入；同时，有些现实斗争性非常强的学者，把马克思首先看成一个战士，特别关注马克思政治斗争实践的内容，其次才把马克思看成一个学者。其实，对于马克思来说，他的生活就是战斗。我们前面梳理了马克思的生平，会发现他的政治生活其实就是他的学术生活，他不断地从社会政治实践中总结经验教训，来充实他的科学研究。这个特点，不仅是马克思有，很多革命家也都有。当年美国记者埃德加·斯诺跑到延安去采访，就发现了这样一种现象，如果让当年的中共领导人谈自己的童年和少年时代，他们会对个体经历讲述得很清楚，但是一旦谈到参加红军、参加革命的事情后，他们的叙述主体就从"我"变成了"我们"。在他们讲述的故事中，人们看不清他们作为个体的存在，相反，听到的都是关于党、红军和苏维埃的故事。这就是说他们参加革命之后已经把个人的生活和中国革命进程融为一体了。马克思就是一个很自觉地把自己的生活、学术生命和革命斗争熔铸在一起的人，少了哪一块，我们都看不清马克思的全部面貌。就像你要是不熟悉中国革命史，想要了解毛泽东是不可能的，同样，你要是不熟悉马克思在正义者同盟和第一国际的斗争，想要了解马克思的思想理论，也是不可能的。在马克思的一生中，他随时可以为了革命从书房里跑出来，也会在革命形势不允许的情况下，重新回到书房。

作为一名战士，马克思在欧洲工人运动中享有很高的威望。在很长的一段时期里，马克思这位居住在伦敦的大胡子老头，在各国工人政党的领袖眼中，是一位令人生惧的导师。马克思和恩格斯曾经批评过德国工人运动中以伯恩施坦为代表的机会主义倾向。为了消除马克思和恩格斯对伯恩施坦的厌恶情绪，德国社会民主党领袖倍倍尔曾带着伯恩施坦去伦敦看望两位老人，以证明伯恩施坦并不是二老"心目当中的那种坏东西"。德国社会民主党的同志，将这种带着悔罪和朝圣心情的伦敦之行，类比为 1077 年神圣罗马帝国皇帝亨利四世向教皇忏悔的"卡诺萨之行"。

虽然拥有很高的威望，但马克思一向厌恶别人对他的个人崇拜。除了一份"自白"，马克思从未给后人留下任何自传性的文献。一般人在写自传的时候，往往会忽略自己不好的事情。很多人曾经想为马克思写传记，但都被马克思拒绝了。马克思在一封信里曾经说："**由于厌恶一切个人迷信，在国际存在的时候，我从来都不公布那许许多多来自各国的、使我厌烦的歌功颂德的东西；我甚至从来也不予答复，偶尔答复，也只是加以斥责。**"

《资本论》第一卷刚出版的时候，恩格斯准备"炒作"一下。恩格斯找了一家叫《凉亭》的杂志，希望登一篇马克思的小传记，就像现在一些杂志的炒作方式，搞个封面文章，宣传一个人，这个人相应的一些书和电影就会引起大家的注意。但这也被马克思拒绝了。

但是，有一次马克思对别人的称赞感到非常满意。那是 1881 年，英国一家杂志发表一篇文章，热情地颂扬了马克思的伟大历史贡献。倒不是文章的内容让马克思感到飘飘然，而是当时马克思的妻子燕妮正在弥留之际，燕妮为这篇文章对自己丈夫的称赞感到由衷的高兴，这也让燕妮在生命最后的日子里得到了一些快乐，所以马克思感到很高兴。

燕妮于 1881 年去世。燕妮去世后，马克思顿时苍老了

很多。恩格斯甚至说过，燕妮
死了，卡尔也就跟着死了。恩
格斯这种说法还曾引起马克思
的女儿爱琳娜的不满，但事实
也的确如此。燕妮在随马克思
饱尝了数十年颠沛流离、困顿
不堪、多子夭折的痛苦之后，
仍然对马克思保持着忠诚，不
离不弃。在燕妮的葬礼上，恩
格斯说，如果有一位女性，把

晚年马克思夫人

别人的幸福当作自己的幸福，那这个人就是燕妮。马克思
在自己去世之前的那段日子里，一向不怎么怀有感伤情绪
的他，却怀着深沉的悲痛谈到燕妮给自己的一生带来了最美
好的时光。

没错，马克思是一个坚定的战士，但这个战士也有儿女
情长的一面。

2. 一艘升火待发的军舰，随时开往知识的海洋

有人说马克思在 1867 年《资本论》第一卷出版之后，就
再也没有重量级的著作问世了。实际上，马克思一直没有停

下对自己《资本论》手稿的整理。马克思是那种宁肯把自己的手稿烧掉，也不愿意不成熟的作品流传后世的人。他对自己的作品有近乎苛刻的要求和强烈的自我批判精神。也正是这个原因，他一再推迟《资本论》后面几卷的出版。

马克思有着无穷的、强烈的求知欲，这一点让他能很快地投身于最困难的问题，但同时，马克思还有无情的自我批判精神，这一点妨碍了他同样迅速地解决这些问题。马克思曾经说过，一篇文章过四个星期之后再来看，如果找不出什么错误的话，那说明我就没有进步，这篇文章也就没有发表的必要。

为了研究土地问题，撰写地租方面的内容，马克思搜寻了比利时、西班牙和美国的大量土地资料。为了计算剩余价值率和利润率的关系，马克思自学了数学，撰写了一部《数学手稿》。为了研究东方问题，马克思自学了俄语。

马克思还研究人类学，他在阅读大量人类学著作的过程中，撰写了《人类学笔记》，这部笔记译成中文有40多万字。此外，马克思还研究世界历史，撰写了《历史学笔记》，翻译成中文约160万字。马克思从未停止过创作和研究，而是在追逐梦想的道路上终其一生。有人这样形容马克思的状态："马克思的头脑就像在军港里升火待发的一艘军舰，准备一接到命令就开往任何知识的海洋。"

3. 笔耕不辍，死而后已

《人类学笔记》和《历史学笔记》是马克思晚年创作的最后两部笔记。

19世纪70年代，人类学这个学科开始兴盛起来，研究世界各地民族社会、文化状况的著作层出不穷，这个新学科也引起了马克思的浓厚兴趣。马克思阅读了大量相关著作，对摘录的材料和论点，不断分析、比较、判断，写下大量批注，这些笔记后来被整理成《人类学笔记》。在马克思读过的人类学著作中，他特别重视美国学者摩尔根的《古代社会》，认为这本书对古代家族的研究进一步证实了唯物史观。后来在相关笔记的基础上，恩格斯整理出了著名的《家庭、私有制和国家的起源》一书。

此外，马克思在晚年开始系统地阅读世界史，批阅了大量历史著作，按照编年顺序整理出四

晚年马克思

大本世界史笔记。马克思的《历史学笔记》，时间跨度从公元前 1 世纪到 17 世纪中叶，空间跨度从西欧到亚洲，内容以各民族和国家的政治军事事件为主。马克思这些笔记虽然没有在他有生之年形成系统的著作，但是他庞杂的批注中却透露了很多宝贵的思想和深刻的观点。

在晚年的笔耕不辍中，马克思的生命也逐渐走到了终点。1881 年妻子燕妮的离世，让马克思在精神上一蹶不振，病后遗留的胸膜硬化和呼吸道过敏又让他的身体衰弱不堪。1882 年，阴湿多雾的天气笼罩了英国整个漫长的冬天，马克思出现了咯血的症状。在马克思生命最后的那段日子里，每天下午两三点钟，恩格斯准时探望他的老朋友。恩格斯后来回忆说，每当快走到马克思家的时候，他总是惴惴不安地极力想从他所观察到的一些细节中，确信一切正常，那件最令他担心的事情没有发生。1883 年 3 月 14 日下午，恩格斯到的时候，发现大家都在哭，他以为要出事了。直到马克思的家人告诉他，马克思出现了少量出血和体力衰竭的状况，他才稍微放下心来。但很快，琳蘅招呼大家赶紧上楼看看，马克思快不行了。当大家走上去的时候，就出现了恩格斯在马克思墓前讲话里提到的情景，**"当我们进去的时候，便发现他在安乐椅上安静地睡着了——但已经永远地睡着了"**。

四、中国特色社会主义"风景这边独好"

1. 苏联为什么会解体？

马克思是睡着了，但马克思主义却一直醒着，而且仍然焕发出强大的生命力。今天，我们仍然需要马克思主义，历史和现实一再证明：马克思主义是对的。也就是咱们这里说的：马克思，靠谱！放弃马克思主义的指导地位，中国绝对会陷入泥沼之中。这一点，苏联解体给我们中国共产党人一次宝贵的教训。什么教训？那就是坚决不能放弃马克思主义的指导地位。

1991 年 12 月 25 日，克里姆林宫上空飘扬了七十多年的红旗悄然飘落。世界上第一个社会主义国家苏联，没有屈服于第二次世界大战希特勒的"巴巴罗萨计划"，却在和平演变的时代，轰然坍塌于西方国家的和平演变进攻之下。导致苏联解体的原因有很多，从赫鲁晓夫于 1956 年在苏共"二十大"上全盘否定斯大林，造成意识形态断裂，到戈尔巴乔夫的"新思维"改革与民主化，可以说，主动放弃马克思列宁主义在意识形态领域的指导地位最终导致了苏联的解体。

当年，美国中央情报局一马当先，声称要"调动一切手段，包括精神手段，摧毁敌人意志"。他们广泛招募各个学科的专家学者，利用宣传、互动、侦察、谍报等手段，对苏联进行大规模的心理战；通过援助，支持"持不同政见者"；利用民族矛盾，煽动社会不满情绪；散布政治谣言，丑化领导人的形象，制造对苏联制度的仇恨，培养对西方的向往。这些下三滥的招数是不是很熟悉？没错！今天这些招数又用到了我们中国身上。

现在有一份公开的材料《撒切尔夫人谈苏联解体》，披露了西方国家是如何处心积虑地搞垮苏联，而苏联又是如何在西方导演下解体的。撒切尔夫人在美国的一次公开演讲中说："苏联是一个对西方世界构成严重威胁的国家。我讲的不是军事威胁。从本质上讲，军事上的威胁并不存在。我们这些国家装备精良，包括核武器。……不过，很快便得到情报，说苏联领袖逝世后，经我们帮助的人可能继任，借助他我们能够实现我们的想法。"从撒切尔夫人的发言里我们可以看出，撒切尔夫人对苏联这个社会主义国家的刻骨仇恨，充满了非欲置之死地而后快的迫切心情。

当时的形势是什么呢？可以说撒切尔夫人的阴谋阳谋终于实现了：在西方和平演变的渗透下，各种攻击、谩骂苏共和社会主义制度的言论、文章纷纷出笼，反马克思主义思潮肆意泛滥。许多报刊和书籍给整个苏联时期冠以"极权主义"的帽子，把苏共涂抹得一团漆黑。其间，激进派周围聚集起强大的竞选班子，对竞选演说进行精心设计。他们迎合民众心理，挑选民众最关心、对苏共最不满意的问题，制定和阐述自己的"改革"主张。他们利用各种讲坛，以富于煽动性的演说猛烈抨击苏共的错误，同时又为激进的改革纲领勾画出一幅诱人的美好蓝图。

笔者有一个朋友，家中曾有一舅公在苏联工作，娶了一个苏联妻子。苏联解体之前，他们日子过得相当舒服惬意，这个舅婆身宽体胖，嗓门大，特别爱笑，身上有着苏联人的爽朗与乐观。苏联解体之后，因为拿到了几十万卢布的私有化证券，立马成为"有钱人"。然而，好景不长，卢布迅速贬值，1991 年 1 美元兑换 0.9 卢布，而到 1994 年 11 月 25 日，卢布的官方汇率已降到 1 美元兑换 3235 卢布。多年来家庭积攒的财富迅速化为乌有，改革把大部分俄罗斯人抛向了贫困线，甚至赤贫。朋友舅公这一家，因为苏联解体，日子过得越来越糟糕，两口子相继染上酗酒的毛病，几年之内相继去世。可以说，苏联解体给一个普通家庭带来了说不尽的苦楚与悲凉。

有时看美剧，能发现美剧里有一个有趣的现象：美剧中出现的中国人的形象大都是土豪，到哪里都是买买买，而俄罗斯人的角色经常是黑帮和娼妓。这也许就是西方人眼中中国人和俄罗斯人的印象，当然这印象里有着不客观和偏见。但是它至少反映了一些问题，那就是中国发展到今天，老百姓日子过得很不错，国民消费能力很强大，让世界上任何一个国家都对中国消费者伸出橄榄枝，不敢小觑和忽视这个国家的人民。

2. 中国风景独好

面对第三波民主化浪潮的冲击，中国咬定青山不放松，始终坚定地走中国特色社会主义政治发展道路。新中国成立以来，在中国共产党的领导下，中国人民找到了适合本国"沃土"的政治制度，确立了人民民主专政的国体，确立了人民代表大会制度的政体，确立了中国共产党领导的多党合作和政治协商制度、民族区域自治制度和基层群众自治制度，耦合一体、不断完善，实现了党的领导、人民当家作主、依法治国的有机统一，走出了一条中国特色社会主义政治发展道路，创造了中国奇迹。

实践是最硬的标准，道路走得怎么样，最终要靠事实来说话。新中国成立六十多年，特别是改革开放三十多年来，经济实力、综合国力大幅提升，人民生活显著改善，国际地位空前提升。1979—2012年，国内生产总值年均增长9.8%，远高于同期世界经济年均2.8%的增速，经济总量跃居世界第二，成功地实现从低收入国家向中等偏上收入国家的跨越。这样的发展、这样的巨变，在人类发展史上都是罕见的。

尽管当前中国经济遭遇经济增速换挡期、结构调整阵痛期、前期刺激政策消化期三期叠加，经济增速由高速调整为中高速，经济发展进入新常态，但经济增速仍然处于世界前茅，经济增量依然相当可观。事实雄辩地证明：中国特色社会主义这条路，走得对、走得好。

国家富强和社会安定是广大人民群众最基本，也是最首要的利益需要。中国特色社会主义制度具有历史与现实的比较优势，有韧性，有活力，有潜能，尽管中国特色社会主义制度还不够完善，但确实是当前世界上最不坏的制度。中国几千年中央集权的历史经验和贫富差距、区域差距、城乡差距并存，即自然社会资源分配极不平衡的现实表明，离开了强有力的政治力量领导和威权体制的治理，中国必将一盘散沙，动荡不堪。可以试想，当代中国如果背离了中国特色社会主义道路，抛弃了中国特色社会主义理论体系，丢弃了以人民代表大会制度为根本政治制度、以中国共产党领导的多党合作和政治协商制度、民族区域自治制度以及基层群众自治制度等基本政治制度和以公有

面对记者的长焦镜头，叙利亚4岁女孩误认为是武器，条件反射式地举起了双手。

制为主体多种所有制经济共同发展为基本经济制度的中国特色社会主义制度，没有哪一个政治力量和政治制度能对中国实行更好的治理，相反，战乱纷争、社会动荡和民不聊生的历史必将重演。当前，战火不断、社会混乱的西亚、北非就是我们的前车之鉴。

马上学习

　　道路问题是关系党的事业兴衰成败第一位的问题，道路就是党的生命。我们党和人民在长期实践探索中，坚持独立自主走自己的路，取得革命、建设、改革伟大胜利，开创和发展了中国特色社会主义，从根本上改变了中国人民和中华民族的前途命运。中国特色社会主义，是中国共产党和中国人民团结的旗帜、奋进的旗帜、胜利的旗帜，是当代中国发展进步的根本方向。江河万里总有源，树高千尺也有根。习近平总书记指出："道路决定命运，找到一条正确道路是多么不容易。中国特色社会主义不是从天上掉下来的，是党和人民历尽千辛万苦、付出各种代价取得的根本成就。""我们党始终强调，中国特色社会主义，既坚持了科学社会主义基本原则，又根据时代条件赋予其鲜明的中国特色。这就是说，中国特色社会主义是社会主义，不是别的什么主义。"

我们说中国特色社会主义是社会主义，那就是不论怎么改革、怎么开放，都始终要坚持中国特色社会主义道路、中国特色社会主义理论体系、中国特色社会主义制度，坚持党的十八大提出的夺取中国特色社会主义新胜利的基本要求。这就包括在中国共产党领导下，立足基本国情，以经济建设为中心，坚持四项基本原则，坚持改革开放，解放和发展社会生产力，建设社会主义市场经济、社会主义民主政治、社会主义先进文化、社会主义和谐社会、社会主义生态文明，促进人的全面发展，逐步实现全体人民共同富裕，建设富强民主文明和谐美丽的社会主义现代化强国；包括坚持人民代表大会制度的根本政治制度，中国共产党领导的多党合作和政治协商制度、民族区域自治制度以及基层群众自治制度等基本政治制度，中国特色社会主义法律体系，公有制为主体、多种所有制经济共同发展的基本经济制度。习近平总书记指出："这些都是在新的历史条件下体现科学社会主义基本原则的内容，如果丢掉了这些，那就不成其为社会主义了。"

正如习近平总书记所言："今天之中国，同新中国成立以前之中国相比，同鸦片战争以后之中国相比，有天壤之别啊!"同欧美一些国家受困于金融危机、债务危机相比，同一些发展中国家陷入发展陷阱相比，同西亚北非一些国家政治动荡、社会混乱相比，我国发展可以说是风景这边独好。事实雄辩地证明：中国特色社会主义这条路，走得对、走得好!

腾讯视频

百度网盘

音频（上）

音频（下）

马克思是个"九零后"

在撰写本书的过程中，笔者一直在想如何给马克思画一幅肖像。聪明？执着？勇敢？有理想？好像都不传神。写到最后，突然开窍了，马克思是个"九零后"的形象跃然纸上。对啊，马克思不就是个"九零后"，他从未走远，他依然活着，他依然年轻，他馈赠给我们的世界观和方法论，今天依然熠熠生辉。

在这种灵感的激发下，我们创意策划了R&B风格的正能量神曲《马克思是个九零后》，就以这首歌的歌词作为全书的结尾吧。当然这本书也许并不能很完整地说清楚马克思，我们所期望的是大家可以把这些内容当作是一本书的前言，在看完这本书后，能去书店选一本自己感兴趣的马克思的著作，静下心来，去研究一下这位一直在我们生活中却总被我们忽略的靠谱的马克思。

马克思是个九零后

词：卓丝娜（蒙古族）

我对他的第一印象，在政治课

学了他的思想，只是为了及格

本打算过了就算，书再也不念

后来翻开却发现并不讨厌

人生总是充满意外

有一天我看到他的厉害

看到我的信仰别再问 why

别再看 magazine

我在看马克思

我出生在 1990s

我就是你的 Bruno Mars

但你是我的维纳斯（Venus）

我亲爱的马克思（Marx）

统治者说着乌托邦却不知自由该怎么写

你站出来说无产阶级的力量永远正不畏邪

不为了权不为了钱

但是为了信仰我们一往无前

（前进进　前进进）

Cause we both won't give up till we die

像叶孤舟行在山丘

那样的为真理争斗

像他一样嫉恶如仇

像他一样不屑权谋

为了别人牺牲自己不会容易

总有些人会觉得不可思议

不可思议　不会容易

但世界可能已经 ready

马克思已经不是 plan B

（Be mine）

决定可以当他的小弟

虽然已经有了至少 14 亿

（You're gonna listen to me）

共产主义甜如蜜

我出生在 1990s

我就是你的 Bruno Mars

但你是我的维纳斯（Venus）

我亲爱的马克思（Marx）

统治者说着乌托邦却不知自由该怎么写

你站出来说无产阶级的力量永远正不畏邪

不为了权不为了钱

但是为了信仰我们一往无前

（前进进　前进进）

Cause we both won't give up till we die

九零后（yeah）

从此以后（you know）

We both won't give up till we die

and this song will never die（whoo）

像叶孤舟行在山丘

那样的为真理争斗

像他一样嫉恶如仇

像他一样不屑权谋

像叶孤舟行在山丘

那样的为真理争斗

像他一样嫉恶如仇

像他一样不屑权谋

马克思是个九零后

人的自豪

致燕妮

马克思

金碧辉煌的画栋雕梁，
高高耸立的殿宇楼房，
人群如潮奔腾激荡，
无休无止地劳碌奔忙；

看到这些我就怦然心跳，
满腔豪情像烈火燃烧；
难道就让这股浪潮
把你卷进生活和大海的波涛？

面对青云直上的无耻之辈，

难道我应该击节赞赏？

难道我应该过这种浮华生活，

浑浑噩噩地白活一场？

不！你们这些外表魁伟的可怜侏儒，

不过是冰冷、僵硬的魔妖，

我的目光对你们不屑一顾，

我的眼中映现出内心的狂飙！

这目光穿透四周的人群，

急切地去把真理探寻，

炽热的渴念已化作雷电，

无情地扫过显赫的门庭。

如果你们都坍塌、坠落，

那只能变成斑驳陆离的碎瓦断梁，

一片豪华化为满目凄凉，

残垣断壁显得黯淡无光。

没有任何樊篱将我们限制，

坚硬、贫瘠的故土不能把我们阻挡，

我们乘风破浪扬帆远航，

我们将驶向更遥远的地方。

没有任何地方会把我们留住，
没有任何地方可以禁锢我们的希望，
万千景象如同云烟过眼，
留下的只是胸中的热情和悲伤。

这些巨型的庞然大物
只是悚然而立的残壁断墙，
它们永远感觉不到那熊熊火焰，
而正是火焰从虚无中煅造出它们的形象。

没有哪根巨柱能在一瞬间
凭借自身的力量拔地高耸，
一块块精心堆砌的石头
显示出蜗牛爬行般的艰辛劳动。

可是心灵却把万物拥抱，
它像一团巨火高高辉耀，
即使在坠落之际，
也把太阳卷进汹涌的怒潮。

它凭借自身的力量
胜利地升到壮丽的穹苍，
云层深处的众神受到震撼，
以为眼前是雷电的闪光。

你们要镇静地踏上小桥，
去把深沉的神圣思想寻找，
要敢于把它植入心中，
用自己的真情为它祈祷。

如果这颗心必须苦受煎熬，
为自己的真情而烧得枯焦，
那就让它响起火山爆发的声音，
让恶魔们围着它哭泣哀号。

它执拗地甘愿败北，
它建造王座供人嘲笑，
它的坠落本身就是胜利，
它的骄傲拒斥是对英雄的酬报。

然而，如果两团火交相辉映，
如果两个人心心相印，

如果一个向另一个宣告，
从此不在太空孤往独行——

人们就会听见响彻寰宇的强音，
风神琴就会发出幽婉的和鸣；
祝愿和内心的渴望就会一起燃烧，
永恒的美必将大放光明。

燕妮！如果我可以大胆直言：
我们的心已息息相通，
它们炽热地在一起跳动，
一股激流使它们相互交融——

我就向整个世界提出挑战，
面对庞然大物发出嘲笑，
外表魁伟的侏儒将倒地哀号，
他的残骸窒息不了我心中的火苗。

我可以像神一样漫步徜徉，
胜利行进在那片废墟之上，
我的每句话都是火焰和行动，
我就像造物主那样襟怀坦荡。

参考文献

中文:

1.《马克思恩格斯全集》第 27、34、38 卷,北京:人民出版社,1972 年。

2.《马克思恩格斯全集》第 39 卷,北京:人民出版社,1974 年。

3. 中央编译局编:《回忆马克思》,北京:人民出版社,2005 年。

4. 弗兰茨·梅林:《马克思传》,樊集译,北京:人民出版社,1965 年。

5. 奥古斯特·科尔纽:《马克思恩格斯传》第一卷,刘丕坤等译,北京:生活·读书·新知三联书店,1980 年。

6. 奥古斯特·科尔纽:《马克思恩格斯传》第二卷,王以铸等译,北京:生活·读书·新知三联书店,1965 年。

7. 奥古斯特·科尔纽:《马克思恩格斯传》第三卷,管士滨译，北京：生活·读书·新知三联书店，1980年。

8.海因里希·格姆科夫等：《马克思传》，易廷镇、侯焕良译，北京：人民出版社，2000年。

9.海因里希·格姆科夫：《恩格斯传》，易廷镇、侯焕良译，北京：生活·读书·新知三联书店，1975年。

10.戴维·麦克莱伦：《马克思传》，王珍译，北京：中国人民大学出版社，2010年。

11.乔纳森·斯珀伯：《卡尔·马克思——一个19世纪的人》，邓峰译，北京：中信出版社，2014年。

12.奥尔嘉·梅耶：《马克思的女儿们：未发表的信札》，沈志明、蒋国萍译，北京：人民出版社，1985年。

13.曼弗雷德·克利姆：《马克思文献传记》，李成毅等译，郑州：河南人民出版社，1992年。

英文：

1. Werner Blumenberg, Translated by Douglas Scott, *Karl Marx: An Illustrated Biography*, London: New Left Books, 1972.

2. Isaiah Berlin, *Karl Marx: His Life and Environment*, London: Oxford University Press, 1978.

3. Francis Wheen, *Karl Marx: A Life*, London: Harper Press, 1999.

4. Robert Payne, *Marx*, London: W.H.Allen & Company, 1968.

5. Terrell Carver, *Engels: A Very Short Introduction*, New York: Oxford University Press, 2003.

推荐阅读

1. 马克思:《青年在选择职业时的考虑》,《马克思恩格斯全集》第1卷,人民出版社,1995年。

2. 马克思:《关于林木盗窃法的辩论》,《马克思恩格斯全集》第1卷,人民出版社,1995年。

3. 马克思:《摩塞尔记者的辩护》,《马克思恩格斯全集》第1卷,人民出版社,1995年。

4. 马克思:《〈黑格尔法哲学批判〉导言》,《马克思恩格斯文集》第1卷,人民出版社,2009年。

5. 马克思:《1844年经济学哲学手稿》,《马克思恩格斯文集》第1卷,人民出版社,2009年。

6. 马克思、恩格斯:《神圣家族》,《马克思恩格斯文集》第1卷,人民出版社,2009年。

7. 恩格斯:《英国工人阶级状况》,《马克思恩格斯文集》第1卷,人民出版社,2009年。

8. 马克思:《关于费尔巴哈的提纲》,《马克思恩格斯文集》第 1 卷，人民出版社，2009 年。

9.马克思、恩格斯:《德意志意识形态》,《马克思恩格斯文集》第 1 卷，人民出版社，2009 年。

10.马克思、恩格斯:《共产党宣言》,《马克思恩格斯文集》第 2 卷，人民出版社，2009 年。

11.马克思:《〈政治经济学批判〉序言》,《马克思恩格斯文集》第 2 卷，人民出版社，2009 年。

12.马克思:《法兰西内战》,《马克思恩格斯文集》第 3 卷，人民出版社，2009 年。

13.马克思:《资本论》,《马克思恩格斯文集》第 5、6、7 卷，人民出版社，2009 年。

14.恩格斯:《家庭、私有制和国家的起源》,《马克思恩格斯文集》第 4 卷，人民出版社，2009 年。

后 记

党的十八大以来，习近平总书记在多个场合强调要加强对马克思主义理论的学习和研究，指出："马克思主义是在批判吸收人类全部知识的基础上产生并且随着时代、实践和科学的发展而不断丰富发展的，是人类迄今为止最先进的思想体系"，明确要求"将马克思主义基本理论作为领导干部的看家本领"。马克思主义经典著作蕴涵和集中体现着马克思主义基本原理，是马克思主义理论的本源和基础。读懂学好马克思主义经典著作是领导干部掌握马克思主义基本理论这种看家本领的"看家本领"。为了进一步激发广大干部群众学习研读马克思主义经典著作的兴趣，更好地贯彻习近平总书记关于"要深入理解马克思主义的精神实质和思想精髓，必须专心致志地读、原原本本地读，努力掌握贯穿经典著作中的马克思主义立场观点方法，学懂学通马克思主义基本原理"的重要要求，推进马克思主义和中国特色社会主义理论通俗化、大众化、普及化，巩固马克思主义指导地位，增强中国特色社会主义的道路自信、理论自信和制度自信，内蒙古自治区党委宣传部策划出版了本书。

本书由乌兰同志提议和审定。由李慎明、李捷、李崇富、程恩富、赵家祥、侯惠勤、梁树发、邓纯东、辛向阳、刘书林等同志担任学术顾问，他们对书稿提出了宝贵意见，并对内容进行了把关。本书由钟君同志创意策划、确定提纲并最终统稿。周纯杰、蔡常青、徐钢同志对本书进行了审校。卢刚、张明明、冯伟同志参与了初稿撰写。麻晓宁同志参与了第四、五、八章编写，金沙同志参与了第七、九章的编写，卓丝娜同志参与了第一、二、三、六章的编写。马慧吉、庄恂、孟燕、李钊、李振南、杨静、赵秀丽、赵永光、李竟然、郭云飞等同志也参与了本书的编写。董从民同志设计了封面人物和书中部分漫画插图。徐鑫同志绘制了书中的部分漫画插图。由于编者的水平与能力有限，错误难免，请广大读者批评指正。

本书在编写出版的过程中得到了中央领导同志的关心和指导，得到了中宣部理论局和中央马工程办以及人民出版社的大力支持，在此一并表示感谢！

编　者
2016 年 3 月

再版后记

2017年10月18日至10月24日，中国共产党第十九次全国代表大会在北京胜利召开。党的十九大是在全面建成小康社会决胜阶段、中国特色社会主义进入新时代的关键时期召开的一次十分重要的大会，是一次在新的历史起点上开启党和国家事业新征程的大会，是一次不忘初心、牢记使命、高举旗帜、团结奋进的大会。党的十九大贯穿了辩证唯物主义和历史唯物主义的立场、观点、方法，提出了许多具有开创性、标志性的重大思想观点。党的十九大最重大的理论成就，就是把习近平新时代中国特色社会主义思想写在党的旗帜上，确立为党必须长期坚持的指导思想，实现了党的指导思想又一次与时俱进。学懂、弄通、做实党的十九大精神，最重要的是深入学习贯彻习近平新时代中国特色社会主义思想。深入学习贯彻习近平新时代中国特色社会主义思想，对于凝聚全党全国各族人民的思想共识和智慧力量，决胜全面建成小康社会，夺取新时代中国特色社会主义伟大胜利，实现中华民族伟大复兴的中国梦，具有重大现实意义和深远历史意义。本书编写组根据党的十九大的最新精神，在认真学习贯彻习近平新时代中国特色社会主义思想的基础上，由钟君、卢刚两位同志对全书进行了修订，增加了习近平新时代中国特色社会主义思想的相关内容。

由于编者的水平和能力有限，错误难免，请广大读者批评指正。

谨以此书纪念卡尔·马克思诞辰两百周年！

编　者

2018 年 1 月

图书在版编目（CIP）数据

马克思靠谱 / 内蒙轩主编 . —修订本 . —北京：东方出版社，2018.5
ISBN 978-7-5207-0317-8

Ⅰ.①马…　Ⅱ.①内…　Ⅲ.①马克思（Marx，Karl1818-1883）—
传记　Ⅳ.① A711

中国版本图书馆 CIP 数据核字（2018）第 063865 号

马克思靠谱
（MAKESI KAOPU）
内蒙轩　主编

责任编辑：姚　恋　闫　妮
出　　版：东方出版社
发　　行：人民东方出版传媒有限公司
地　　址：北京市东城区东四十条 113 号
邮政编码：100007
印　　刷：北京汇林印务有限公司
版　　次：2018 年 5 月第 1 版
印　　次：2019 年 4 月第 6 次印刷
开　　本：880 毫米 ×1230 毫米　1/32
印　　张：10.25
字　　数：190 千字
书　　号：ISBN 978-7-5207-0317-8
定　　价：49.00 元
发行电话：（010）85924663　85924644　85924641